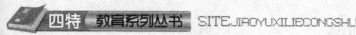

景物写作指导

《"四特"教育系列丛书》编委会　编著

吉林出版集团股份有限公司
全国百佳图书出版单位

图书在版编目 (CIP) 数据

景物写作指导／《"四特"教育系列丛书》编委会编著.
—长春：吉林出版集团股份有限公司，2012.4
（"四特"教育系列丛书／庄文中等主编．学生阅读与
作文方法指导）
ISBN 978-7-5463-8698-0

I.①景… Ⅱ.①四… Ⅲ.①作文课－中小学－教学参考
资料 Ⅳ.① G634.343

中国版本图书馆 CIP 数据核字（2012）第 043996 号

景物写作指导
JINGWU XIEZUO ZHIDAO

出 版 人　吴　强
责任编辑　朱子玉　杨　帆
开　　本　690mm×960mm　1/16
字　　数　250 千字
印　　张　13
版　　次　2012 年 4 月第 1 版
印　　次　2023 年 2 月第 3 次印刷

出　　版　吉林出版集团股份有限公司
发　　行　吉林音像出版社有限责任公司
地　　址　长春市南关区福祉大路 5788 号
电　　话　0431-81629667
印　　刷　三河市燕春印务有限公司

ISBN 978-7-5463-8698-0　　　　　定价：39.80 元

前 言

学校教育是人一生中所受教育最重要组成部分，个人在学校里接受计划性的指导，系统地学习文化知识、社会规范、道德准则和价值观念。学校教育从某种意义上讲，决定着个人社会化的水平和性质，是个体社会化的重要基地。知识经济时代要求社会尊师重教，学校教育越来越受重视，在社会中起到举足轻重的作用。

"四特教育系列丛书"以"特定对象、特别对待、特殊方法、特例分析"为宗旨，立足学校教育与管理，理论结合实践，集多位教育界专家、学者以及一线校长、老师们的教育成果与经验于一体，围绕困扰学校、领导、教师、学生的教育难题，集思广益，多方借鉴，力求全面彻底解决。

本辑为"四特教育系列丛书"之《学生阅读与作文方法指导》。

阅读能力被著名教育家苏霍姆林斯基称之为学习技能的五把刀子之一，它不仅是语文学习能力的主要构成因素，也是训练学生的表达能力的重要途径，还是一切智力活动的基础。因此，有效阅读一直就是语文教学的核心，要提高语文能力，提升语文素养，必须加强有效阅读。

作文是人们交流思想和社会交际的重要工具。生活在现实社会里，无论你从事什么行业，都离不开写作，写作是人类生活的基本工具，是每一个社会成员搞好各项工作必须应具备的一种起码素质。本书从肖像、语言、行动、心理、场面、景物、静态、状物、抒情和话题等方面，为广大青少年提供了实际指导和范文阅读，使大家不仅可以学到作文的知识，还能感受到好词好句好段中所蕴含的优美意境，能够受到精神的陶冶。

本辑共20分册，具体内容如下：

1.《肖像描写阅读指导》

肖像描写即描绘人物的面貌特征，它包括人物的身材、容貌、服饰、打扮以及表情、仪态、风度、习惯性特点等。肖像描写的目的是以"形"传"神"，刻画人物的性格特征，反映人物的内心世界。描是描绘，写是摹写。描写就是用生动形象的语言，把人物或景物的状态具体地描绘出来。这是一般记叙文和文学写作常用的表达方法。本书针对学生如何高效阅读肖像描写类文章进行了系统而深入的分析和探讨，并给予了切实的指导，对中小学生颇有启发意义。

2.《语言描写阅读指导》

语言描写是塑造人物形象的重要手段。成功的语言描写总是鲜明地展示人物的性格，生动地表现人物的思想感情，深刻地反映人物的内心世界，使读者"如闻其声，如见其人"，获得深刻的印象。本书针对学生如何高效阅读语言描写类文章进行了系统而深入的分析和探讨，并给予了切实的指导，对中小学生颇有启发意义。

3.《行动描写阅读指导》

行动描写是刻画人物的手法之一，是塑造人物的主要手段。行动是人物思想性格的直接表现,因此,人物的行动描写就要善于抓住人物具有特征性的动作,从而展示人物的精神面貌,反映人物的性格特征,塑造出个性鲜明的人物形象。本书针对学生如何高效阅读行动描写类文章进行了系统而深入的分析和探讨,并给予了切实的指导,对中小学生颇有启发意义。

4.《心理描写阅读指导》

心理描写是指在文章中,对人物在一定的环境中的心理状态、精神面貌和内心活动进行的描写。是作文中表现人物性格品质的一种方法。最常用的是描写人物的内心独白,写出人物的所思所想,让人物一无遮掩地吐露自己的心声,说出他的欢乐和悲伤、矛盾和愁郁、忧虑和希望,使读者穿透人物外表,看到人物的内心世界。本书针对学生如何高效阅读心理描写类文章进行了系统而深入的分析和探讨,并给予了切实的指导,对中小学生颇有启发意义。

5.《场面描写阅读指导》

场面描写,就是对一个特定的时间与地点内许多人物活动的总体情况的描写。它往往是叙述、描写、抒情等表述方法的综合运用,是自然景色、社会环境、人物活动等描写对象的集中表现。场面描写要表现出一种特定的气氛要综合运用记叙、描写、抒情、议论等表达手段,以及映衬、象征等多种手法,这样才能使场面变成一幅生动而充满感染力的图画。本书针对学生如何高效阅读场面描写类文章进行了系统而深入的分析和探讨,并给予了切实的指导,对中小学生颇有启发意义。

6.《景物描写阅读指导》

景物描写,是指对自然环境和社会环境中的风景、物体的描写。景物描写主要是为了显示人物活动的环境,使读者身临其境。本书针对学生如何高效阅读景物描写类文章进行了系统而深入的分析和探讨,并给予了切实的指导,对中小学生颇有启发意义。本书不仅提供了学生有效阅读同范文,还提供了相应的阅读把握方法等,具有很强的系统性、实用性、实践性和指导性。

7.《风俗描写阅读指导》

风俗习惯指个人或集体的传统风尚、礼节、习性。是特定社会文化区域内历代人们共同遵守的行为模式或规范。风俗由于一种历史形成的,它对社会成员有一种非常强烈的行为制约作用。风俗描写主要包括民族风俗、节日习俗、传统礼仪等等。本书针对学生如何高效阅读风俗描写类文章进行了系统而深入的分析和探讨,并给予了切实的指导,对中小学生颇有启发意义。

8.《记叙文阅读指导》

阅读记叙文必须注意把握文章的基本要素,理清记叙的顺序以及线索,准确理解记叙中的描写议论和抒情。只有这样,才能从整体上全面把握记叙文的内容,理解作者的写作意图和文章所反映的中心思想。本书针对学生如何高效阅读记叙文进行了系统而深入的分析和探讨,并给予了切实的指导,对中小学生颇有启发意义。

9.《抒情散文阅读指导》

抒情散文主要是抒发作者对现实生活的感受、激情和意愿。抒情散文抒发的是怎样的感情,如何抒发,都与文章揭示的思想意义是否深广有极大的关系。本书针对学生如何高效阅读抒情散文进行了系统而深入的分析和探讨,并给予了切实的指导,对中小学生颇有启发意义。本书不仅提供了学生有效阅读同范文,还提供了相应的阅读把握方法等,具有很强的系统性、实用性、实践性和指导性。

10.《话题性范文阅读指导》

话题性文章一般与学生的生活实际联系的最紧密,学生应该有话可写。但由于话题比较宽泛,要出采也不容易。写作的关键在于把话题转化,或化大为小,或化抽象为具体。本书针对学生如何高效阅读话题性文章进行了系统而深入的分析和探讨,并给予了切实的指导,对中小学生颇有启发意义。

11.《肖像写作指导》

肖像描写即描绘人物的面貌特征,它包括人物的身材、容貌、服饰、打扮以及表情、仪态、风度、习惯性特点等。肖像描写的目的是以"形"传"神",刻画人物的性格特征,反映人物的内心世界。描是描绘,写是摹写。描写就是用生动形象的语言,把人物或景物的状态具体地描绘出来。本书针对学生如何提高肖像描写类作文写作水平进行了系统而深入的分析和探讨,并给予了切实的指导,对中小学生颇有启发意义。

12.《语言写作指导》

语言描写是塑造人物形象的重要手段。成功的语言描写总是鲜明地展示人物的性格,生动地表现人物的思想感情,深刻地反映人物的内心世界,使读者"如闻其声,如见其人",获得深刻的印象。本书针对学生如何提高语言描写类作文写作水平进行了系统而深入的分析和探讨,并给予了切实的指导,对中小学生颇有启发意义。

13.《行动写作指导》

行动描写是刻画人物的手法之一,是塑造人物的主要手段。行动是人物思想性格的直接表现,因此,人物的行动描写就要善于抓住人物具有特征性的动作,从而展示人物的精神面貌,反映人物的性格特征,塑造出个性鲜明的人物形象。本书针对学生如何提高行动描写类作文写作水平进行了系统而深入的分析和探讨,并给予了切实的指导,对中小学生颇有启发意义。

14.《心理写作指导》

心理描写是指在文章中,对人物在一定的环境中的心理状态、精神面貌和内心活动进行的描写。是作文中表现人物性格品质的一种方法。最常用的是描写人物的内心独白,写出人物的所思所想,让人物一无遮掩地吐露自己的心声,说出他的欢乐和悲伤、矛盾和愁郁、忧虑和希望,使读者穿透人物外表,看到人物的内心世界。本书针对学生如何提高心理描写类作文写作水平进行了系统而深入的分析和探讨,并给予了切实的指导,对中小学生颇有启发意义。

15.《场面写作指导》

场面描写,就是对一个特定的时间与地点内许多人物活动的总体情况的描写。它往往是叙述、描写、抒情等表述方法的综合运用,是自然景色、社会环境、人物活动等描写对象的集中表现。场面描写要表现出一种特定的气氛要综合运用记叙、描写、抒情、议论等表达手段,以及映衬、象征等多种手法,这样才能使场面变成一幅生动而充满感染力的图画。本书针对学生如何提高场面描写类作文写作水平进行了系统而深入的分析和探讨,并给予了切实的指导,对中小学生颇有启发意义。

16.《景物写作指导》

景物描写,是指对自然环境和社会环境中的风景、物体的描写。景物描写主要是为了显示人物活动的环境,使读者身临其境。本书针对学生如何提高景物描写类作文写作水平进行了系统而深入的分析和探讨,并给予了切实的指导,对中小学生颇有启发意义。本书除了提供各种作文的方法外,还提供了大量的好词、好段、好句供广大学生作文时参考借鉴,因此具有很强的系统性、实用性、实践性和指导性。

17.《静态写作指导》

在写物的静态时,我们要尽量去发掘这一静物的动态。如果我们要状写这些不可能有动态的物,那么,我们要去发现他们的质感和有活力的部分。如果我们抓住这些来写,那么,那些静静躺在盘子里,平平睡在盒子里的东西也会生出许多引人的魅力来。总之,我们写物的静态时,要尽量找些鲜活的因素来描上几笔,而且,这几笔往往是最最传神的。本书针对学生如何提高静态描写类作文写作水平进行了系统而深入的分析和探讨,并给予了切实的指导,对中小学生颇有启发意义。

18.《状物写作指导》

状物类作文,以"物"为描述的中心和文章的线索,或寓情于物,或托物言志,融知识性与趣味性于一体,表达文章的题旨。这是学生喜闻乐见的一种写作形式。因此,加强状物类作文的指导,既是学生的一种心理需求,也是新的课程标准的目标之一。本书针对学生如何提高状物类作文写作水平进行了系统而深入的分析和探讨,并给予了切实的指导,对中小学生颇有启发意义。

19.《抒情写作指导》

写抒情散文,重在"情"字。一篇文章要打动读者的感情,作者首先要自己动感情,把感情融注到字里行间。作家魏巍说过:"写好一篇东西,能打动人心,就要把心捧给读者。"把心捧给读者,就是要吐真情,有真意,让情真意切的行文去感动读者。本书针对学生如何提高抒情散文写作水平进行了系统而深入的分析和探讨,并给予了切实的指导,对中小学生颇有启发意义。

20.《话题写作指导》

要想写好话题作文,除了审题命题外,要注意选择自己最熟悉的事情,用自己真实的感情,另外还要选择自己应用得最拿手的文体,需要注意的是,话题作文也要注意体裁的确定,虽然作文的要求是让你自由选择文体,但是你一旦选择了某种文体,就一定要体现这种文体的特点,切不可写成四不象的作文来。总之,话题作文的写作给了你发挥自己写作优势的天地,只要选择自己最擅长的去写,你就会取得不错的成绩。本书针对学生如何提高话题作文写作水平进行了系统而深入的分析和探讨,并给予了切实的指导,对中小学生颇有启发意义。

由于时间、经验的关系,本书在编写等方面,必定存在不足和错误之处,衷心希望各界读者、一线教师及教育界人士批评指正。

编者

目 录

第一章

景物写作指导

1. 什么叫景物描写

景物描写，是指对自然环境和社会环境中的风景、物体的描写。景物描写主要是为了显示人物活动的环境，使读者身临其境。

景物描写的对象，概括地说，凡环绕人的但不是对人的描写，都可以说是景物的描写。具体地说，可以分为三个方面：风景描写、风俗描写和风物描写。也可以用绘画用语来表达，那就是：风景画、风俗画和风物画。

风景画的主要内容是自然风景。广义的风景画，包括人工景物，如宫殿、寺庙、园林等。狭义的风景画，主要是指自然风景，如日、月、星、云，高山、大漠、潮汐、雷电等。我们这里采用广义的概念。

风物画的范围，似乎更小一些，主要指人工制造的具有特点的景物与器物。较大的如园林，较小的如金石风物描写，应该有独具的特点。

风俗画，也可以有广义与狭义之分。广义的风俗画，指能反映某一时代、某一地区、某一民族或社会集团的社会生活所特有的风俗人情、社会风貌、生活方式的文学作品。例如，可以说《红楼梦》是17世纪中国上层贵族的风俗画。狭义的风俗画，指作品中有关地区的独特的风俗人情、生活方式等方面的描写。我们这里所说的风俗画，主要指后者。

2. 景物描写的特点

(1) 地域特色不同

注意地域不同，景物的特点也不同。如南方与北方，平原与高山，城市与农村，其景色是各不相同的。例如下面这段话：

> 中国的古老文化是令人惊叹的，而这座城市则是悠久文化的集中体现。这里不但有闻名世界的八达岭长城、故宫、天坛、颐和园，更有凝聚人们智慧的现代化建筑物：人民大会堂、人民英雄纪念碑，以及新建的中央电视台发射塔⋯⋯

这段话的作者抓住最能代表北京这个城市的景物来写，让人一看就知道是北京。

（2）注意动静搭配

我们还可以抓住景物的变化来写。我们所观察到的景物有的是静止不动的，有的是活动变化的，因此在写景时既要对景物的静态进行描写，也要对景物的动态进行描写，做到动静结合，这样才能把景物的特点描写得更具体，更形象。如：苏教版小学语文四年级上学期第8课《小镇的早晨》第一自然段是静态描写，写小镇的早晨是恬静的；第二自然段是动态描写，写小镇的早晨是热闹的。

（3）注意景物的形状和颜色

除动静的变化之外，还有景物的形状、颜色的特点。例如下面这段描写：

> 湖水清澈见底，远处连绵不断的山峰倒影在平静的湖水中，显得更加青翠。这时，一阵微风吹来，刚才水平如镜的湖面，立刻泛起了鱼鳞般的波纹，在阳光的照耀下闪着点点银光，湖上像撒满了珍珠一样，微风一过，湖面又恢复了平静。

再如《桂林山水》中对山水的描写：

> 我攀登过雄伟的泰山，游览过红叶似火的香山，却从没看见过桂林这一带的山。桂林的山真奇啊，一座座拔地而起，各不相连，像老人，像巨象，像骆驼，奇峰罗列，形态万千；桂林的山真秀啊，像翠绿的屏障，像新生的竹笋，色彩明丽，倒影水中；桂林的山真险啊，危峰兀立，怪石嶙峋，好像一不小心就会栽倒下来。

(4) 注意景物形状、颜色的变化

除动静的变化之外，景物的形状、颜色等往往也会随着时间的变化而发生变化。因此，我们在描写景物的变化时，不仅要注意写出动静变化，还要注意景物的形状、颜色等发生的变化。请看下面这段文字：

> 这地方的火烧云变化极多，一会儿红通通的，一会儿金灿灿的，一会儿半紫半黄，一会儿半灰半百合色。……一会儿，天空出现一匹马，马头向南，马尾向西。马是跪着的，过了两三秒钟，那匹马大起来了……
>
> 忽然又来了一条大狗。那狗十分凶猛……接着又来了一头大狮子，跟庙前的石头狮子一模一样……可是一转眼就变了，再也找不着了……

(5) 注意运用修辞手法

要想抓住景物的特点，并把这些特点清晰地呈现在读者面前，除了注意观察，学会积累之外，还要运用一些表现手法。比如说《桂林

山水》中有这样一句，"漓江的水真绿啊，绿得仿佛那是一块无暇的翡翠。"这就是一个比喻句。虽然我从没见过漓江的水，但我在商场里见过碧绿的翡翠，就能想象出漓江水的颜色。还有《观潮》中写到："浪潮越来越近，犹如千万匹白色战马齐头并进，浩浩荡荡地飞奔而来，那声音如同山崩地裂，好像大地都被震得颤动起来。"每当我读到这儿，就好像真的看到潮水向我猛冲过来似的。

写景时，我们可以从景物的形状、颜色和变化等方面抓住特征来描写。这几方面的描写并不是各自孤立的，而是相互穿插，有机结合，融为一体的，这样写出来的景物才能形象生动，才会给人留下深刻的印象。

3. 景物描写的方法与技巧

（1）抓住景物的特征

对所写景物认真观察，抓住特点，是写好这类文章的前提。而能否抓住景物的特点，关键在于作者细心的观察，并将观察所得铭记于心。正所谓"静观默察，烂熟于心"。

因此，要求在观察中，善于抓住不同季节、不同时间、不同地区中景物呈现出的颜色、形态、声响、气味等方面特有的变化，善于通过眼、耳、鼻、舌、身等感官去观察、体会。这样，才能抓住景物特征加以描写。

为此，一要注意不同季节的特征。一年有春、夏、秋、冬四季，季节的变化会引起景物的变化。每个季节的景物都有各自的特征；二要注意时间变化的特征。有的景物在不同的时间往往各有特征。白昼、夜晚、早晨、黄昏都为景物涂上了不同的色彩；三要注意气候不同的特征。同一景物在雨中、风中、雾中、雪中所展现的景观是不同的；

四要注意不同的地理特征。南方、北方、城市、乡村、高原、平地，不同的地域有着各自不同的景物特征。

（2）要选好观察的角度

选好观察的角度，就要先确立好观察点。要根据表达的需要运用固定立足点和变换立足点观察景物的方法，或远观、或近觑、或仰视、或俯瞰。同时，要注意观察的顺序，是由近及远，还是由远而近？是由上而下，还是由下而上？这是指空间的变换。还可以时间的变化或游览的先后为顺序。这样，所描写的景物才不会杂乱无章。总之，要做多角度、多侧面的描写。

（3）安排好描写的顺序

景物描写的顺序一般分为空间顺序和时间顺序两种。空间顺序，一般是取一个固定的观察点，按照视线移动的顺序依次写出各个位置上的景物。还有一种空间顺序，不取固定的观察点，而随着观察者位置的转移来描写景物，这叫做游览顺序。

时间顺序，同一个地方在不同的时间里，其景物是有变化的，按一定的时段依次写来，可以表现出景物的丰富多姿，使人产生美的感受。时段有长短之分，长时段如春、夏、秋、冬，短时段如晨、午、暮、夜。选用哪一种时间顺序，应视描写对象的特点而定。

（4）要融情于景，表达主观感受

国学大师王国维曾断言："一切景语皆情语"。景物是客观的，而写景之人则是有情的，作者对任何景物，总会有自己的感情。没有感情色彩的景物只不过是苍白美丽的"躯壳"，难以达到感人的目的；同时，观察、描摹景物的过程本身也是写作主观感受的过程，因此，要在写景的字里行间自然渗透感情，寓情于景，做到情景交融，物我一体。

写景贵有情，在描绘客观景物的同时，要把自己的喜怒哀乐等思想感情融注到作品中去，使读者产生共鸣，进而给读者带来愉悦之情，陶醉之情，将读者带入特定的情景之中，受到美的熏陶，获得美的享受。

（5）运用动静结合的手法

只写静景，很容易使文章呆滞，而只写动景，又可能失去稳定。只有将静态描写景物形态特征和动态描写利于传神的长处结合起来，所绘景物才会具体、生动，给读者留下深刻的印象。

描写景物需要绘形、绘色、绘声，仿佛使人看得见、摸得着、听得到，这就需要尽可能选用那些生动形象的语言。因而要善于找到最能表现景物特征的动词和一些恰当的形容词，尤其要善于运用比喻、拟人等修辞方法，但要注意不能堆砌词藻。

（6）定点和移步

定点，这里指写景作文中描绘者的立足点。定点，就是指全篇作文中描绘者的立足点不变。在立足点不变的情况下，有两种写法。一种是定点定景。全篇的立足点不变化，景物也是同一的。当描绘者集中注意力从容不迫地详细地将某一处景物描绘出来时，往往用定点定景的方法。这种方法的效果类似电影里的"特写镜头"。短文《白千层》开头说"在匆忙的校园里走着，忽然，我的脚步停了下来"，"停了下来"的地方就是这篇短文描绘一株白千层的立足点。从这个立足点，作者先描绘写着树名的小木牌，再形容这株树的全貌，最后详细描述树干的特征。这篇短文的描绘中心就是白千层这种树的树干，所以采用定点定景的方法是十分合适的。

还有一种是定点换景。描绘的角度是固定的，描绘的对象不断变换，这就是定点换景，这种方法常常用来描写环境。比如，在写景作文中，描绘者站在高处眺望，有的是先写东边的景物，再写西边的景物，有的是先写远处的景物，再写近处的景物，作者的立足点则始终都是固定不变的。

在《狱中书简》中，女革命家晚间在牢房以窗口为立足点向外眺望。先看片片白云，再看白云下边的燕子，突然大雷雨来了，闪电来了，居然在这样的时刻还发现"一只夜莺在窗前的一株枫树上叫起来……"在不断的"换景"中，我们看到身处牢房的女革命家对于多彩的大自然的热爱。

采用定点换景的方法，首先要选好描绘的角度，即选择一个合适的"点"。其次，景物的变换顺序要安排合理，前后次序要有内在的联系，表达层次要清楚。

如果描写的景物不变，而描绘的角度有所变换，这便是定景换点了。比如描写一座纪念碑，先从正面看题字，再到背面看碑文，再看基座四面的浮雕。采用这种写法的时候要注意"点"的选择与变换要有助于表现景物的特征，点的变换要在文章中交代清楚。如果换点不作交代，或者交代得不清楚，就会显得换点无序，影响景物的美感。在写参观游览的作文中，最常见的是不断变换描绘的立足点，同时，随着立足点的变换，被描绘的景物也不断变换，这就是移步换景的方法。这种方法便于详尽的、多侧面多层次的表现景物的全貌。怎样逐层表现几个景点的不同特征，用移步换景的方法还特别要注意层次与过渡。

（7）景物离不开色彩

要把景物描写得真切传神、生动形象，就必须细致入微地观察和体验所写的景物，具有敏锐的色彩感，从而准确地把握景物的色彩特征，进行着色"包装"，使习作语言增色。例：这地方的火烧云变化极多，一会儿红彤彤的，一会儿金灿灿的，一会儿半紫半黄，一会儿半灰半白。葡萄灰，梨黄，茄子紫，这些颜色天空都有……（《火烧云》）这段话中作者运用一连串不同形式的表示色彩的语言，描绘了不同时间所见到的不同色彩的火烧云，将色彩斑斓的火烧云表现得淋漓尽致，构成了一幅美不胜收的画卷，给人以赏心悦目的美感，令人赞叹不已。

(8) 摹声与赋神

景物描写不光靠色彩渲染来吸引人，造成读者视觉上的美感，还可以摹声来绘景，造成读者听觉上的美感。有声有色的景物描写，给人身临其境之感。在《葛洲坝工地夜景》中有这样一段描写：

> 那"嘟嘟"的汽车声，"呜呜"的火车声，"突突"的拖拉机声，"轰轰"的山石爆破声，还有"嗨哟嗨哟"的劳动号子声，组成了丰富多彩的合奏曲。

作者通过听觉所感，运用丰富形象的象声词，展现了葛洲坝工地夜晚热火朝天的景象，令人如闻其声，如观其景。同时，生动可感的象声词赋予读者丰富的想象：这美妙的旋律，就像交响乐，令人陶醉；又好似战鼓冬冬，军号滴滴，激励人们奋发向前。

许多自然景物由于被赋予审美想象，将景物人格化，一山一水，一草一木都具有人的情怀。也正是这种人的感情与景物水乳交融，使读者产生共鸣，引起联想，使景物描写带有传神色彩。在《家乡的秋白梨》中有这样一段描写：

> 初夏，梨树上青青的果实躲在翠绿的叶子中间，像一个个害羞的小姑娘。

一个"躲"字令"小青果"有"形"有"神"，这样的描写既情趣横生，又耐人寻味，怎不传神呢？

当然，景物描写的语言"包装"决不能矫揉造作，必须恰到好处，保持语言原汁原味的魅力，让景物有声有色有神，这样才能令你的习作锦上添花。

(9) 景物描写的挖掘法

深入挖掘首先是指写作前，我们要慎待思考过程。思考时应尽力去挖掘作文题目、题材等方面的内涵，通过合理的想象，寻找所要描绘的景物的外在特征；下笔后要以自问的形式考察自己描写景物的目的是否达到。例如，决定或检查一段景物描写时，就应该问一问自己"这里需要景物描写吗？""这段景物描写在这里有什么作用呢？"等问题，这样不断强化自己的景物描写的作用意识，以避免为写景而写景。

文章《雪后》是通过对雪景的描绘抒发了对大自然的喜爱之情的。你看：

> ……大雪过后，万物洁白，房上、地上、树上全披上了一层厚厚的玉衣。远眺天地相连处，太阳正要升起，红彤彤的彩云不断扩散，使这遍野的大雪越发显得明净。冬小麦盖着雪姑娘亲手缝制的软乎乎的大棉被，安安稳稳地睡了，心里默默念着：明年的麦穗，一定结得又大又饱满。雪花无私地滋润着大地，大地正做着温馨的梦，构思着春天的绚丽图景。

作者运用拟人、比喻等修辞方法将大自然这神功妙笔所绘出的北国风光图再现给读者，就为的是通过景物描写表达自己内心的爱雪之情。他写到："我多么希望这雪景永在，永远停留在这辽阔无垠的土地上，来装饰祖国壮丽的山河，给人以美的享受。但这是不可能的。雪花，似乎一出生就是为了粉身碎骨，装饰大地那只是它一生中微不足道的一点小事，而更重要的则是牺牲自己，滋润大地，来孕育一颗颗丰满的种子，酝酿一个生气勃勃的像我梦中一样的丰收场面。"

显然，作者是不满足于对壮丽雪景的描绘的，他在进一步地挖掘雪的作用，并通过对雪的作用的描写赞扬一种精神，一种从一出生就是为了他人粉身碎骨牺牲自己的奉献精神。这样的写景就是有明确目的的，深化了主题的。

(10) 景物描写的对比法

所谓对比法，就是把两种或两种以上情况加以对照、比较，从而突出它们的差异点的方法。在一些同学的眼里，似乎什么景物都是一样的，原因是他们只看景物的一时而不见景物的另一时。建议同学们使用对比法来认识景物的特征。例如，写校园，我们就可以关注一下清晨时的校园与黄昏时的校园的不同，并且静下心来细细想一想不同与相同的具体原因，这样把握景物的特征就比较容易了。

景物描写要真实、准确，观察者的心理也起很大作用。同是一片山林，在一位同学笔下："……首先映入眼帘的是高高低低、林木阴森的山岭、叫人有点害怕。"而另外一位同学同样写这一山林就是"这里山环水绕，绿树成阴，哗哗的流水声好像在为婆娑起舞的枝条轻轻地伴奏，简直是个绝妙的仙境。"短短一句话就不仅把山势水情描绘了出来，而且也传达出自己当时的快乐心境与对山林的热爱之情。

总之，我们在动笔前总要进行一番对比，通过对比，来把握景物描写的特征，决定景物描写的对象、方法和语言。

(11) 动态追述法

动态追述法指的是在写作游记时，要尽量回想当时游历的情景，如何走的路，怎样看的景，留下什么样的印象等等。一俟游历的情景清楚之后，再考虑布局；文章写成之后，还要检查文章是否用了适当的语词交代了观察点的变化；还要检查观察的角度与描写出的景物的特点是否具有一致性等等问题。

在进行景物描写时要有点有面，突出重点。我们说每一处景点都少不了有山水、有花草、有树木……对于这些我们不能面面俱到，像开杂货铺一样一一罗列出来，逐一描绘。否则就会给人流水账的感觉，令人乏味、厌看。那么为了突出中心，吸引读者，我们应该选择最有特色、最有代表性的一处或几处来具体描绘。其它则可简略叙述一笔带过。写文章也正如我们旅游一样要有走有停。文中的走则是略写，是面的体现，文中的停则是浓墨详写，是文章重点的突出。如果文章详略得当，点面适宜，那么读者看后会产生与你同游的感觉。另外，在写游记时，将动态与静态穿插着描写，效果会更好。

4. 景物描写的作用

(1) 揭示作品的时代背景

景物描写一个重要作用就是交代故事发生的时间、地点，有时也揭示作品的时代背景。

例如叶圣陶的《夜》开头写道：一条不很整洁的里里，一幢一楼一底的屋内，桌上的煤油灯发出黄晕的光，照得所有的器物模糊，惨淡，好像反而加浓了阴暗。

这句景物描写用了"黄晕"、"模糊"、"惨淡"、"阴暗"四个形容词，来烘托小说的典型环境。说明故事是发生在一个夜里，一个令人恐怖的夜，一个心头笼罩着阴暗的夜。通过景物描写反映了黑暗的社会现实。

(2) 渲染气氛，烘托人物心情

景物描写有时可以渲染一种特定的氛围，烘托人物的情趣、心境，表现人物的心理。例如高尔基的《母亲》中写道：

严寒干燥的空气紧紧地包围住她的身体，直透到咽喉，使鼻子发痒，有一刻工夫使她不能呼吸。

既写出母亲此次行动的时节，又烘托了紧张的气氛。而母亲"满意地听她脚下的雪发出的清脆的声音"以及"每次开门的时候，就有一阵云雾似的冷空气吹到她脸上，这使她觉得很爽快，于是她把冷空气深深地吸进去"等描写又显示母亲从事革命工作时的兴奋之情，为塑造临危不惧的革命母亲的形象起到了烘托的作用。

（3）展示人物性格

人物周围的环境，包括室内外的装饰布置，能够展示一个人的身份、气质、个性等，因此作家注意用景物来展示人物性格。

例如鲁迅《祝福》中对鲁四老爷书房的描写：我回到四叔的书房时，瓦楞上已经雪白，房里也映得较光明，极分明的显出壁上挂着的朱拓的大"寿"字，陈抟老祖写的；一边的对联已经脱落，松松的卷了放在长桌上，一边的还在，道是"事理通达心气和平"。我又无聊赖的到窗下的案头去一翻，只见一堆似乎未必完全的《康熙字典》，一部《近思录集注》和一部《四书衬》。

从对联和书籍的内容可以看出，鲁四老爷是自觉维护封建制度和封建礼教的卫道士，他尊崇理学和孔孟之道，他懒散、自私伪善、冷酷无情，是造成祥林嫂悲剧的一个重要人物。

（4）推动情节的发展

有时景物描写能够推动情节向前发展，例如《祝福》中对鲁四老爷家祝福的描写。祝福本身就是旧社会最富有特色的封建迷信活动，所以在祝福时封建宗法思想和反动理学观念也表现得最为强烈。在鲁四老爷不准"败坏风俗"的祥林嫂沾手的告诫下，祥林嫂失去了祝福的权力。她为了求取这点权力，用"历来积存的工钱"捐了一条赎"罪"门槛，但得到的仍是"你放着罢，祥林嫂"这样一句喝令，就粉碎了她生前免于侮辱，死后免于痛苦的愿望，她的一切挣扎的希望都在这一声喝令中破灭了。就这样，鲁四老爷在祝福时刻凭着封建宗法思想和封建礼教的淫威，把祥林嫂一步步逼上死亡的道路。特定的景物描写推动了情节的发展。

（5）借景抒情，情景交融

作品中描写景物，作者往往是为了抒发自己的感情，达到借景抒情、情景交融的目的。如朱自清的《荷塘月色》描写了一幅恬淡朦胧的荷塘月色图，实际上寄托了朱先生的情感。朱自清是一名新文学运动的战士，1927年大革命失败了，给他心灵上投下了落寞的阴影，他既对黑暗的现实不满，又不愿投身革命，所以幻想超脱现实。他借荷塘月色抒发的正是这种幻想超脱现实的情感。

5. 景物描写与人物和事情之间的关系

有了景物描写，会使文章的内容充实，表达的思想感情比较丰富。其实，景物描写并不是另外添加到写人记事的作文中去的。写人物，记事情，本来就离不开景物描写。

（1）写景可以表明事情发生的时间、地点

学生作文《盼望》的开头：

清晨，我漫步在连绵无际的长江大堤上，阵阵凉风吹得人心旷神怡。我望了望堤边，野菊花开得特别旺盛，这儿一丛，那儿一簇，五彩缤纷，使空气中渗透着一种纯洁清新的气息，让人觉得它有一种无法比拟而又享受不尽的美。忽然，我想到今天是举家团圆赏月的中秋佳节呢！

"中秋佳节"的"清晨"，这是事情发生的时间。"长江大堤"的"堤边"，这是地点。堤边有许多五彩缤纷的，散发着清新气息的野菊花，这样，把环境写得具体了。

（2）景中之物和事情的发展或结局有密切关系

上面的文章的开头，提到了野菊花开得多"这儿一丛那儿一簇"，开得"旺盛"，而且"五彩缤纷"；下面的文章接着写一个小女孩在堤边用柳条和野菊花编成花环，小女孩半跪在江边，脸向着江水流去的方向，双手捧起花环，"爸爸，今天又是中秋节了，我真想你呀！爸爸，快回来吧，我和妈妈等着你。"小女孩说完，把花环轻轻地放入江中。花环满载着思情漂走了。

小女孩的父亲赴日本三年末归，小女孩在用野菊花做成的花环上寄托了自己苦苦的思念。这件事主要写小女孩做花环，而这样的花环是用就地采摘的野菊花做的，所以，作文写野菊花的美丽，也是为着记事。

（3）写景可以表现人物的性格、爱好、心情

在上面说到的这篇作文里，写小女孩身处长江大堤边的野菊花丛中，小心翼翼地做了四五个花环，这里"凉风习习，空气清新"，作者对景物的描写烘托出了小女孩纯洁美好的心灵，同时也把小女孩在中秋节思念父亲的离情愁绪写得感人。

（4）写景可以直接表现作文的主题

有一篇小学生作文题目是《何时月儿圆》。作文第一句就是：

每当我看到月亮圆缺时，就会勾起我许多痛苦的回忆。

作者6岁那年，父母离婚。

　　那天晚上，妈妈带着我离开原来的家时，我感到自己是那样的孤独。当我抬头望着天空时，我看一轮弯弯的月牙儿歪斜着，无依无靠地挂在天上，月光微弱，不一会儿便被乌云遮住了……这歪歪的月牙儿，便成了我心灵上痛苦的象征。

这篇作文的结尾是：

　　再回首，往事恍然如梦；再回首，我心依旧。我是多么想我的家庭也能像中秋的月亮那样完整无缺。

作文中间三段写的是作者一个人在家时的孤独；考试不及格，在大街上漫无目的的行走时的痛苦心情；中秋节得到妈妈的礼物时的激情。全文借着月儿的圆缺着重描绘作者幼小心灵受到的创伤，抒发了内心的感受，表现了对家庭幸福生活的渴望。

6. 景物描写的注意事项

（1）写景要有顺序

　　人们观赏景物都有一定的规律：或定点环顾，或边走边看。描写时也应该"顺其自然"。例如老舍先生的《济南的冬天》一文，描写济南城周围的环境时写道：

　　小山把济南整个儿围个圈儿，只有北边缺点口儿。这一圈小山在冬天特别可爱，好像把济南放在一个小摇篮里。

景物描写与作者的定点鸟瞰相吻合，自然清晰，形象准确。又如凡妮的《野景偶拾》一文，按照沿途所见，依次描写绕村的溪流、山梁的小路、盆地的高粱、山坡的谷穗、旷野的幽静、落日的霞光、宛如绸带的河流和公路、华美如贝雕的田野和山林。移步换形，有如移舟前进，时过境迁，景观随之改换，给人一种身临其境之感。

（2）写景要有选择

写景时应要有所取有所弃，抓住最能代表彼时彼地特征的景物加以描写，其它的景色则略写或不写。老舍先生的《在烈日和暴雨下》，为了突出天气变化的过程，就着力描写了杨柳的动态：

一点风也没有时——枝条一动懒得动；有一点凉风时——枝条微微动了两下；风大起来时——柳条横着飞。

通过杨柳的动态。显示了风的从无到有、由小到大，而对暴风雨降临时其它景象的变化，作者作了简略处理。这样，抓住特征，既形象地表现了天气变化的过程，又避免了描写的呆板重复，使得文字准确而精练。

（3）写景要有情致

人们观赏景物总是要带有某种感情的。因此，描写时也应该将这种感情一起表达出来，做到寓情于景，情景相映。鲁迅先生的《故乡》一文，反映旧中国农村衰败萧条，日趋破产的悲惨景象时，笔下的景色是"苍黄的天空下，远近横着几个萧索的荒村，没有一些活气。"而脑海中闪现出少年闰土的美好形象时，则为"深蓝的天空中挂着一轮金黄的圆月。"景物描写之中渗透着作者爱憎分明的思想感情。以景促情，情景交融，有力地深化了文章的主题。

（4）写景抒情要真挚自然

对表现的事物，要有深切的感受，情感要发自内心，这样的抒情，才是真挚的、诚恳的，也才能是深沉的、感人的。感情要自然地流露出来。抒情最不能作伪，虚假的、矫柔造作的东西，是最要不得的，那种抒情，不仅不能感染读者，而只能使人产生厌恶的情绪。

我们抒发的感情，必须具有健康的情趣，用健康的、朝气蓬勃的思想感情去打动读者。那种低级、消极、颓废等不健康的感情，我们要坚决反对。

（5）写景抒情要具体生动

抒情要生动，切忌呆板和干瘪，重复老一套的东西，是不能给人以新鲜感的。不新鲜、不生动，也就不能感动读者、打动读者。感情是比较抽象的东西，要抒发得具体，是不容易的。而过于抽象或空洞的抒情，是没有力量的。我们要善于把抽象的、不易表达的感情写得具体，这要有些手段。例如：

> 不是年轻的为年老的写纪念，而在这三十年中，却使我目睹许多青年的血，层层淤积起来，将我埋得不能呼吸，我只能用这样的笔墨，写几句文章，算是从泥土中挖一个小孔，自己延口残喘，这是怎样的世界呢。夜正长，路也正长，我不如忘却，不说的好罢。但我知道，即使不是我，将来总会有记起他们，再说他们的时候的。

鲁迅先生这一段抒情，写得十分深沉。他用一个形象的比喻把对在国民党白色恐怖下牺牲的战友的怀念之情具体、真挚而深刻地表现出来了。

（6）注意景物的整体和局部

无论是自然界的景物，还是图片画面，学生的观察往往不能全面。只注意了鲜艳的色彩，尖锐的矛盾冲突，而忽视景物的背景和细节。例如在写雨景时，既要写远处迷蒙的雨幕，又要写芭蕉叶上滴落的串串珍珠。这样写景就注意了点面结合。

（7）注意写景的动静结合

活动的画面比静止的画面更能引起人们的注意。在黄河浪的《故乡的榕树》中有这样一段描写：

> 我怀念从故乡的后山流下来，流过榕树旁的清澈的小溪，溪水中彩色的鹅卵石，到溪畔洗衣和汲水的少女，在水面嘎嘎嘎地追逐欢笑的鸭子；我怀念榕树下洁白的石桥，桥头兀立的刻字的石碑，桥栏杆上被人抚摸光滑了的小石狮子。那汩汩的溪水流走了我童年的岁月，那古老的石桥镌刻着我深深的记忆，记忆中的故事有榕树的叶子一样多……

这是作者回忆故乡的榕树，枝叶婆娑，流水潺潺，鸭群嬉戏，又加以活动的人群，使画面动静结合，给读者身临其境的感觉。学生的作文《春天的早晨》，葱郁的树木，袅袅的炊烟，田间的老农，一切沐浴在金色的朝霞里，这构成了一幅动静结合的画面，同时深化了文章的主题。

（8）用五觉描写景物

综合运用各种感觉描写景物，可以使景物描写更加细腻。例如：

> 细细的雨丝密密地斜织着如烟似雾，润湿的泥土散发的清新和芳香沁人心脾，雨点滴入口中，甜甜的，令人回味无

穷，春风把雨丝送上你的脸颊如少女的手儿温柔细腻，俯身静听草长的声音如一望无际的旷野上悠扬的笛声在耳畔回响。啊，潇潇春雨，春雨潇潇。

这段作文综合运用了视觉、嗅觉、味觉、触觉、听觉五种感觉写春雨，细腻传神，收到很好的效果，这是一种操作性很强的写作方法。

(9) 注意描写景物的色彩

彩色的电影比黑白的电影前进了一大步，彩色的画面比黑白的画面对视觉更具有冲击力。在碧野的《天山景物记》中有这样一段描写：

> 蓝天衬着矗立的巨大的雪峰，在太阳下，几块白云在雪峰间投下云影，就像白缎上绣上了几朵银灰的暗花。

> 特别诱人的是牧野的黄昏，落日映红周围的雪峰，像云霞那么灿烂。雪峰的红光映射到这辽阔的牧场上，形成一个金碧辉煌的世界，蒙古包、牧群和牧女们，都镀上了一色的玫瑰红。当落日沉没，周围雪峰的红光逐渐消褪，银灰色的暮霭笼罩着草原的时候，你就会看见无数点红火光，那是牧民们在烧起铜壶准备晚餐。

这两段文字中，蓝天、白云、银灰色的暗花，夕阳的红火连锁映衬着蒙古包，牧女笼罩在金碧辉煌的世界中。大自然是五彩缤纷的，景物五光十色，准确的使用色彩词语会使景物描写更加生动。当然，这离不开细致的观察。

第二章

景物写作好段

1. 看日出

今天又是一个好晴天，我们在语文老师的带领下，早自习前就来到学校对面的小土岗观日出。天边还是一片淡淡的灰云，已经是6点40分了，太阳还未露脸。同学们有的爬上了树，有的焦急地闲聊，想减轻这漫长的几分钟等待的焦急。

小土岗很静，一片鸡犬声起，给这宁静的早晨又增几分闹意。忽然朦朦的云映出一丝淡淡的红光，像成熟的少女含羞的红晕。忽然，不知谁喊了一声："看，太阳出来了。"同学们叽叽喳喳的议论声顿时停止，好多双渴求的眼睛眺望东方，一片像红润的玉呈现在东方。这片红玉不住地向上呈现，渐渐显出大半个身儿，像从山谷中升起的橙红色的气球，峡谷中的云雾也染上一层亮光，越来越鲜艳。约摸两分钟，一个圆东西在东方云雾中渐渐升起。她既没有海边日出那样通红，又没有山间日出那么绚美。四周的云霞像一件艳红的衣裙，渐渐扩展开来。太阳中间的亮点越来越明，越来越大。倏地，空中射下百道光柱，灼得人眼发痛。大地被涂上一层金黄的霞光，多么灿烂的一个晴朗的世界啊！

2. 日出

这时候，天空还是灰色的，看不到树叶的本来面目。云隙间放射出晓星残月的光辉，我默默地向东眺望。

渐渐地东方露出鱼肚白，几颗星星在晴朗的天空中淡下去，慢慢不见了。东方灰白色的天空中泛起了粉红色的霞光，而且慢慢地变浓变深，那颜色就像少女绯红的面颊。一会儿，东方一团云霞的色彩变成深红，带着点光亮，我料定太阳定会从那儿出来。

果真，不一会儿，树梢之间便隐隐露出一道弧形金边。啊，那就是初升的太阳，它弯弯的像月牙，却是红色的。太阳借着树梢的掩映，冉冉向上升腾，它升得很慢很慢，像负着什么重担似的，尽力向上升，它开始是鲜红的，但并不耀眼。后来，又慢慢爬上树梢，这时，它宛如一团鲜红的火球，又像一只金灿灿的圆盘，它悬挂在东方，仿佛伸手可得。一会儿，太阳变得红得耀眼，光芒四射了，简直使人不敢正眼看它。东边小半个天空被烧得通红，云朵披上了金色的霞衣，树叶也被镀上一层红彤彤、金灿灿的光彩。

啊！太美了，我不禁从心里佩服大自然这位能工巧匠了。

这时，天空也变成蔚蓝色，好像为了衬托这美丽的太阳，轻纱般的白云不时轻轻掠过。

火红的太阳，绚丽的朝霞，蔚蓝的天空，轻纱似的白云，再加上楼房树木，绘成了一幅壮美的图画。

"一日之计在于晨"。人们在匆匆走着，奔赴各自的工作岗位，这灿烂的阳光照在人们身上、脸上，也照在人们前进的道路上。

3. 红日初升

太阳慢慢露出了海面，把周围的海水映得通红。别人等待的是太阳东升的刹那辉煌，我独自欣赏红日出升时海面被染红的壮观。一望无际的大海，小心翼翼地托着太阳，犹如托起一个新生儿。海面上披上了一层薄薄的红纱，远处的山，远处的船，一切都是那么朦朦胧胧，笼罩在海的羞涩中。

4. 登山看日出

星期天，我和向妍登山看日出。

天蒙蒙亮，几颗残星依依不舍地隐去，东方泛起了鱼肚白。

站在山顶，我们举目眺望，红霞映红了整个东方，我知道这是太阳出来前的预兆，便目不转睛地注视着那里。

果然，不一会儿工夫，太阳涨着红彤彤的脸蛋，像个害羞的小姑娘似的，从山头探了小半边脸向四周张望。顿时，草丛里热闹起来，各种各样的小动物都放开喉咙尽力嘶叫，好像在齐唱一曲迎接日出的赞歌。太阳看到区些便微笑着向上窜，但它像被一只无形的巨手拉住了一样，上升的速度慢得几乎要停下来。最后，它终于挣脱出来，完全离开了山顶。我们高兴得为它欢呼起来。它红得那么柔和，那么可爱，却没有光芒。

这时，我向山下望去，晨光中的柳州城格外美丽。带状的柳江环绕着整个城市，三座大桥犹如三条巨龙横卧在河面上，工贸大厦的30层楼像个巨人屹立在建筑群中，多美啊！

5. 雾中日出

一般说来，有雾的清晨是很难见到日出的。然而，我却有幸看到了"雾中日出"这一奇观。

雾中的天地可真是狭窄，仿佛只能容下我一个人似的。放眼望去，雾气轻悠悠的，就像一幅幅轻纱萦绕在河桥、楼屋、草木之间。我踱步桥头，犹如凌波仙子漫游在天堂。想不到家乡的晨曦竟会如此美丽：远近的秋虫正在"唧唧"地叫着，清淡的花香随着湿润的水气沁人心脾……忽然，正东方，那白雾像披上了淡彩，金灿灿、白花花的。视线所及，黄白相杂，又别有一番情趣。

这时雾气骚动起来了，好像是"白姑仙女"要收回那美丽的"虚影"。当"薄纱"一缕缕地渐渐消逝之际，整个大地也在一分分地显露出来了。

太阳在慢慢地升起来。瞧，红彤彤、亮闪闪的，它仿佛是一只打足了气的大红球，鼓着圆圆的红脸，一耸一耸地向上爬着，看上去好像很吃力的样子。我目不转睛地等待着最激动人心的时刻。呵！好样的，跳出来啦！冲出地平线的太阳，终于把家乡大地给极尽美饰装点了！这时，河边的芦苇，摇头晃脑，旭日的光芒在亲吻着它；野花叶上颗颗水珠，闪烁着五彩异色，悄悄地滚落下来，发出轻轻的"嘀嗒"声，似乎是在向太阳问好；成片的农民新楼，漂散着的纤细小草，上班去的自行车队，下田去的人影，都拉扯住丝丝"薄纱"，吐落着各自的依依情思……

6. 日落

傍晚，灰色的云把太阳严严地遮住，仿佛要把光明收藏起来。太阳此时就像一个年迈力衰的老将军，终因力气不足而抵挡不住。云层里只有一个淡淡的朦胧的灰白色的圆圆的轮廓。西山的那面，云的外边是一片晴朗的世界，似乎是太阳的大本营。太阳正努力地向那方退去。慢慢地、慢慢地它终于挣脱了云的网捕，露出了一张像挂了彩的血红的脸。它就像一个巨人，耗尽了最后的一点力气落在西边右面的那座山的山头上，此时，远处的建筑，地上的行人，天上的白云都被那血红的太阳感染了，显得无比鲜艳。

渐渐地天空模糊起来。"夕阳西下，明早还会东升……"

远处广播里的歌声传进了我的耳朵里。我从痴呆中突然醒悟过来。啊……

7. 看日落

今天是个多云天气，下午四、五点钟，我们来到操场上看日落。天上的云是浅灰色的，一层接一层，鱼鳞似的铺满了东边半个天空，西边的云却比较少。太阳并不像平时那样一照万里，轮廓并不清晰，周围镶了一圈金色的光环，太阳下边的云被染成了红色，那朵朵云霞组合成图案，似乎把我们带到了朝阳初升的大海边，波浪一层赶着一层，搔痒了我们的小脚丫，给我们捎来了大海的礼物——贝壳。我们坐在金色的沙滩上，想着大海的那边，是不是有一座美丽的小岛，岛上住着许多美丽的仙女……

"快看，那边的云！"同桌小飞的欢叫声拉回了我的遐想。顺着小飞的手看去，天空的云真是变化万千：一会儿好像一只停泊的小船，木桨横在小船上，似乎还在随着水波轻轻地摇晃；一会儿好像连绵的山峰，那山峰上还冒出了一个塔顶，从塔里飘出缕缕香烟，我仿佛听到了诵经的声音；一会儿好像是翩翩起舞的仙女，裙带飘飘，恍若步入了瑶池琼宫，看不尽七千粉黛……一时恍恍惚惚的，天空里又像这个，又像那个，其实什么也不像，什么也看不清了。

我揉揉眼睛，这时的太阳已沉到"海面"了，那从云缝中斜射下的光线，好像一条条金鱼的丝带，流光溢彩，十分壮丽，是七仙女用上好的蚕丝精心织成的吧？

忽然，一个小黑点飞入了我的眼帘，渐渐地近了，啊，原来是一只蝴蝶风筝，它正展开那美丽的粉翅，在空中展现它轻盈的身姿。一群活泼可爱的孩子过来了，他们争先恐后地把自己心爱的风筝送上了天空，天空顿时变得五彩斑斓：活泼可爱的金鱼、憨态可掬的熊猫、伶俐可爱的燕子、迎风翱翔的老鹰……孩子们欢呼着、飞跑着，笑声久久地在绿色的田野上回荡。

太阳慢慢地向下落，终于不情愿地收回了最后一丝光线，沉入了"海底"。天边只剩下桔红的一片霞，一会儿，云霞也退去，夜幕降临了。

明天，东方又将升起一轮新的朝阳。

8. 日落美景

这时的太阳像个大金盘，斜挂在半空中。我以为它不像白天那么咄咄逼人了，便壮大胆子想看看它的全貌，没想到，它发出的光真刺眼，就好像无数把锐利的宝剑一齐向我的眼睛刺来，眼泪都要流出来了。过了一会儿，太阳慢慢向下垂，一半被白云遮住了，一半又被大山挡住了。渐渐地，太阳变成了淡红色的，这下不像刚才那么刺眼了。

阳光照在楼群中间的小树林里，微风吹过，树叶闪闪发光，好像海面上的波纹。我的目光穿过一片平房顶向远处山坡抬起头一看，天空中飘浮的云彩好像盛开了的几朵色彩缤纷的鲜花。西边的天空上，太阳休息的地方好像是一把火焰把蔚蓝色的天空染得红红的。

一群小燕子也来凑热闹了，它们在空中唱着、叫着、跳跃着，似乎在为这美丽的景色欢呼！

一转眼，夕阳就好像在跟我们捉迷藏似的，藏到大山的背后去了。

9. 烈日

正午的太阳像一个大火球，从高空直射下来，晒得地面发烫。早晨树叶还挺神气地舒展着，现在枯萎地卷起来了；小鸡也躲到墙脚下，张着嘴，展开翅膀歇凉；平常凶猛的狗，现在也不神气了，舌头伸出来，大口大口地喘着粗气。这样的天气，少说也有四十度。

10. 观看日环食

今天的天特别好，6点5分太阳就爬上树梢了。吃过早饭，我就按照广播上的介绍，准备好了一盆清水。按理说我们巨野在8点28分日偏食就开始了，可是8点50分都过去了，我的盆里还看不到太阳的影子，真急人！我想，是不是盆放得太低，于是为了凑热闹，一手端盆子，一手拿本书来到人多的教学楼凉台上，还是一位物理教师提醒了我，渗的墨水太少。我又渗了些墨水，果然效果不错，一看太阳像是被刀子削了一块，一会儿就变成月牙状了。从熏过的玻璃上看，太阳红红的；从水盆中看太阳则是白的，不过月牙方向是朝下的；从相底片上看，太阳白中有绿，周围还有五彩的光环。不大一会，学生忽啦啦往坑边跑，像是坑里出现了奇观。9点42分，太阳周围的光环消失了，阳光也暗淡下来，像是阴了天似的，我提醒大家，再过10分钟就可看到美景了。牙状的光线渐趋合拢，绕成光环光丝缠绕，中间是暗的，只有一圈光环放射光彩，这美景给人留下了永远难忘的印象

11. 人间美景

过了一会，东方显出了鱼肚白，人群中开始有人移动。须臾，鱼肚白渐渐呈粉红色，东方的天际出现了橙色的彩霞……忽然，天边现出一道发亮的光，是那样耀眼。不知谁说了句："快了，快了！"我这时也不知道是由于冷还是激动，只觉得心里发紧，牙齿打战。我看四

周，大人们开始忙碌起来，有照相机的准备按快门，等待着拍下那瑰丽的景象；没有照相机的翘首以待，大家似乎停止了呼吸。不知过了多少时候，太阳像一个小红球，突然从地平线上，不，是从云海间跳出来，开始是半个，到后来，就变成大红球。大地妈妈好像不愿太阳离开她的怀抱似的，太阳只能一点一点地往上挪。大约过了十几分钟，太阳挣脱了大地妈妈的怀抱，跃上了天际。啊，多么壮观，多么美丽！只见倾刻之间，浩浩的云海被太阳的红光一照，色彩斑斓；远处山峰在云海的淹没下，只露出小小的山尖，就像那大海中的小珊瑚礁……人们唏嘘、赞叹、欣赏着这人间的美景。

12. 满月

下了一天的雨，到晚上才停下来。天上的云彩在跑动，月亮出来了，它确实是一轮灿烂的圆月。它像一面光辉四射的银盘，从那平静的大海里涌了出来。一片片坐着的、卧着的、走着的人影，看得清清楚楚。嗬！海滩上居然有这么多的人在乘凉。说话声、唱歌声、嬉闹声，响遍了整个的海滩。

13. 月出

月亮在山后悄悄地露出了头，像负着重托似的，正在努力向上。最后，终于跳出了群山，升上了天空。月光如流水，静静地洒在地上，整个山村像笼罩着一层薄薄的银纱。

14. 月食

一会儿，只见月亮不是圆的了，好像被什么咬去了一块似的。慢慢的，月亮成了小船，接着像镰刀，像眉毛，像弯弯的细钩。天色越来越暗，一会儿，细钩也不见了，整个月亮被吞没了，只留下个红铜色的圆影子，像一面锣。

15. 月牙

弯弯的月牙像一条小船儿，在云海中穿梭着，一会儿被云吞没了，一会儿又钻出来，把一些柔光轻轻地送到大地上。啊，多么清亮而温柔的月牙！

16. 月光

嫩黄的月光是柔和的，落到水里就跟水儿一块儿流；水面的皱纹像是一幅闪烁的波状织物，蛙群发出它们那阵阵嘹亮的短促声音。夜鸟的鸣叫声在空中流过。有时一片无声的黑影掠过河面，惊动了它那幅光明的静流。

17. 残月

残月像一只钩子，独个儿呆在天空，一个伴儿也没有，她那微弱的亮光，还不如那几颗明亮的星星，残月一定是累了，但是她仍然尽最大的力气，把那微弱的光亮洒向人间。

18. 柔和的月光

夜深邃清幽，弯弯的月牙斜挂着。人们正寻觅那甜美的梦乡。清凉凉的风吹拂着，柔和的月光从窗格里飘进来。"哎，别睡，还有呢……"隔壁的房里传出哥嫂的悄悄话，"你就知道做美梦"。

19. 秋月

月牙攀上了窗西树梢儿。

它饱尝了这人间丰收的欢乐。凉爽的风吹来，露珠闪亮闪亮的，在枝丫挂着的苞谷上，在片片绿叶上，像金球，像银珠，凝聚了人们更美好的希望。

20. 圆月流辉

深蓝的天空中圆月流辉，湖面上银涛万顷，微波粼粼。堤岸上柳影婆娑，沿湖万家灯火。湖心装饰着许多彩灯，形态各异。尤其是那盏龙灯特别引人注目，它全身金光闪闪，尾巴弯弯曲曲地向上翘起，龙头向上扬着，仿佛就要腾空而起。

21. 白塘月色

不知不觉到了晚上十二点，游人们驻足白塘周围，观赏奇景：只见玉盘似的月儿倒映在湖中，清澈入境的湖水映现出远近山峦、树木、房屋的倒影，那神奇的景象构成了一幅素雅洁朴的"白塘秋月图"。这不愧为莆田一大奇观。听老师说，自古以来，白塘这种海市蜃楼般的景色吸引不知多少游客和海外赤子。宋朝的词人刘克庄还写诗赞美它呢！白塘，我为你感到骄傲，将来我一定要写出更好的诗篇来赞美你。

22. 水中月影

月儿一动不动地悬在空中，比天下任何一枚银币都要圆，都要柔和。

水中也有一个月亮，那莫不是月儿在照镜子？风儿轻轻一叩，碎了，又聚了。水中的月影那么近，仿佛一伸手就是我的了，可是，她的高使她不属于任何人。

月儿照着水，照着船，照着我。天很黑，但很透明。星星们悄悄地使着劲儿，眨呀眨的，跟月亮凑着趣儿，但都不及她亮，都不及她美。满塘闪动着的银色的鳞甲，那是星星们的光点，她们惭愧了，不是吗？一闪就不见了。月儿柔和的光和这星星点点的闪亮互映着，恰到好处。不知怎地，今天的月儿仿佛特别好。噢，因为她兴致很浓，我兴致很浓，也因为今天是中秋。

月光像温柔的网，密密的，长长的，从月亮一直织到水面，又在水上一层一层地叠了起来。我的船就浮在这叠起的网上。可以感觉到那网是软绵绵的，湿漉漉的，那网里浸着气味儿是甜蜜蜜的，凉丝丝的，从鼻子一直钻到心里。

网罩住了一小块天，也罩住了这天的整体。岸和它上面的树还有近岸的苇叶像一圈参差的黑色幕布，帮助网把我与天隔开。

网中的世界静静的，只有叶子们被秋月轻轻抚摸着，发出沙沙的声响，那么远，又那么近。

水中偶尔有鱼儿转身时打出的水泡，风儿轻轻一推，一道长长的波带着灭了的水泡向黑色的幕布那边去了，幕布动了动，波痕从幕下流到了天上。

天上有个圆月。淡淡的几束云烟游过去，好奇地游到她前面，但风儿含嗔地把她们推开了。因为那月儿，她兴致很浓，我兴致很浓，也因为今天是中秋。

中秋的夜晚，圆圆的月儿多美啊！

23. 看月食

傍晚，一轮金黄的圆月已高高地悬挂在天空，向大地洒下皎洁的月光，那么温柔，像轻纱一般。不久，月亮边开始出现了一丝阴影。

"快来看哪，月食开始啦！""天狗咬住月亮了！"小伙伴们争先恐后地呼喊起来，大人们都放下手里的活计，跑出门来，大家都静静地望着月亮。

阴影在慢慢地扩大着，好像一个什么怪物在吞吃一块金黄的圆饼。月亮在挣扎，月光似乎有波动，可是阴影在继续扩大，渐渐遮去了一半月亮。月亮变成了一叶小舟，慢慢地又变成镰刀，变成细钩，变成眉毛，天随着暗淡下来。又过了一会儿，月亮完全被阴影吞没了，大地终于漆黑一片。

当月亮完全被阴影遮住时，人们先是沉默不语，接着突然爆发出一片欢呼声。孩子们拍手喊叫，大人们惊叹不已，老奶奶拄着拐杖，睁大眼睛向天空望着，嘴里不知在喃喃地说着什么。

约摸过了一个多小时，月亮又出现了。它先是露出一线弯眉，接着变成细钩，变成镰刀，变成了小舟……最后还是那么圆圆的，亮亮的，笑盈盈的。这时又响起了一阵呼喊声，而且显得格外响亮、欢快，似乎真的是在欢呼月亮新生。

月亮缓缓地穿行在云层之中，忽隐忽现，光芒四射。

24．中秋圆月

秋夜，十五的月儿高挂在天空，圆的美满，圆的如意，将它那柔和的光辉匀洒在五湖四海，用它那温情润泽天下亲人。无论亲朋身在何处，通过圆月，都可以倾听到月亮传达的祝福。大家共有一轮圆月，共有一个传情的使者，感谢你，多情的月！

25．冬月

我最爱的，还是冬天的月，倾听冬月的诉说，我明白了什么是顽强与拼搏——

冬天，那个白雪皑皑的时节，积雪未融，一片肃杀气象，只有狂风在精神十足地呼啸，吹着每一个小角落。天！我那娇小的月呦！天边哪还有你的容身之地呢？站在室内的我，望着那可怕的时节，期待着月亮的出现。或许是因为寒冷，月悄悄挂在天上，尽管只是那么朦朦胧胧的一片白，弯弯的模糊的可怜，然而它却具有坚韧不拔的毅力，有顽强不屈的品格。我望着冬月，似与一个饱经风霜的老人默默晤对。月走过岁岁年年，历经沧桑而成熟，那微不足道的严寒怎能消磨它的意志，动摇它的志向呢？面对清冷，它以一颗平淡的心处之，不焦不怨。哦，冬月，我倾听到了，倾听到了你那富于人生哲理的话：人生不可能是一帆风顺的，经历一些风雨也并非全是不幸，坎坷路途会使自己变得坚强、成熟。哦！感谢你，顽强的冬月！

26．春月

春天的夜晚，月把它那明澈的清辉柔而匀地洒向大地，给夜幕涂上一层莹莹的白，给原野涂上一层亮亮的银，也悄悄地将我融入这迷人的春夜。我陶醉了，陶醉于那春夜的宁静与神秘。刹那间，我突然明白，原来夜一直在对我倾诉，它告诉我：人生需要奉献，人生应该永恒。或许，弹指瞬间，月便要从西边落下，但在那短暂的时刻，它毕竟毫无保留地奉献了自己的光芒，尽管它得不到任何回报。或许这也是一种永恒，一种甘于奉献的永恒。多么具有诗意的夜晚啊。

27. 夏月

暑气逼人的夏夜，树梢上挂着那浩劫的半边身影，月周围几朵稀疏的云，时而将月裹住，时而从云中滑出。云和月这样裹呀滑呀，在闪闪银河里欢喜雀跃。哦，我那可爱的月，我倾听到了，你是在告诉我：人生应该多些欢乐，烦恼痛苦你我都会有，不必在意得太多。哦，我那迷人的月。

28. 星夜

星夜的星空晴朗而有魅力。月亮躲起来了，调皮的星星却满天布开，镶嵌在蓝绒布般的夜幕上，眨着神奇的大眼睛，望着被欢笑气氛笼罩着的大地。

我躺在床上仰望着星空，如进入神奇的幻境。

一条银带般的长河把星群分开了，在银河两岸，牛郎与织女遥遥相望，等待着七月初七鹊桥相会，相互倾诉那说不清的话语。

大熊星座闪烁着它的光芒，宛如一只正在行走的大熊，给人一种气魄雄壮的感觉。它身上的北斗七星格外引人，像一把大勺，不知吸引了多少人的注意力，形成天空一大奇观。

小熊星座背另一把银勺，跟着大熊，如母子，令人产生慈爱之情。

仙后座组成英文字母 W，美丽奇特；蝎子座如一只张牙舞爪的大蝎子，在天空中横行霸道；猎人座与猎狗座连为一体，像一位魁伟的猎人英姿勃勃地牵着两只勇猛的猎犬，让人感到没有野兽能逃过他的手心；还有亲密无间的双子座，凶恶的巨蛇座……把天空打扮得奇妙无比。

29. 繁星

晚饭后，我坐在院子里，仰头观看满天的繁星。晴朗的夜空，星光闪烁，我被这密密麻麻的繁星陶醉了。深蓝色的天空，星光灿烂，真像一个巨大棋盘里布满了棋子。它们像一群调皮的孩子，不时地向我眨眼。它们一闪一闪的，若隐若现，仿佛在和我捉迷藏；又如一群听话的孩子眨着眼睛，正聚精会神地听地球妈妈讲故事；又好似一群观察员，正全神贯注地观察我们的地球。

30. 猎户座

冷眼一看，星星显得很乱，但你仔细一看，就会发现，它们在天空各有各自的位置，组成了各种各样有趣的图案。你看，北面天空的那个猎户座，多像一个猎人，手举棒子，弯腿弓腰，上身前倾，领着凶猛的猎狗在与金牛打架呢。你再看，东边那几颗星星组成的眉清目秀的姑娘，手拿麦穗，好像正在享受丰收的喜悦呢！还有许多星座，它们有的像勺子、有的像骏马、有的像猛犬……把天空点缀得格外美丽。

31. 启明星

启明星出来了。在这深蓝色的天幕上闪烁起来了。它是那么大，那么亮，广漠的天幕上只有它一个在那里放射着令人注目的光辉，像一盏悬挂在高空的明灯。天，已经微明，启明星还在发出莹莹亮光，它要把这最后一丝光也献给大地。

32. 星空

每当夜幕降临，天空先出现几点银星，不久，星星就布满了整个苍穹。星星是那样多，数也数不清。无数寒星汇合成一片光的海洋。星空多美呀！夜晚是我最快乐的时刻，星空是我的乐园。我看到这美丽如画的星座，好像置身于茫茫无垠的宇宙中。

33. 海上星空

沿着洁净的人行道，我们不知不觉地来到了大海边的码头。啊！海边的景色多迷人啊！站在岸上向大海望去，到处都是闪烁的灯光，如同天上那快活的星星，远远看去，我分不清哪里是天，哪里是海，海和天好像连在一起了。

船上，一扇扇小窗户里透出灯光，远远看去像一幢幢鳞次栉比的楼房。在那船头上有一根灯杆，杆子上有一盏灯，照亮了前面的海面；在平静的水面上，映出灯的影子，好像水的底下也点着一盏灯似的。一阵微风吹过，海面上微波荡漾，灯的影子也就跟着摇摇晃晃了。

34. 星光

明亮的星光，掺上了露水，变得湿湿润润，柔柔和和，随后轻轻地挂在树梢上，搭在房檐上，铺在街道上，薄薄的一层。接触到这光辉的一切都变得那么雅致，那么幽静，那么安详……

35. 北斗星

看这边的北极星就像一颗璀璨的明珠，为这个黑暗的宇宙增添了几分光明；那北斗星在北极星的照耀下，显现七颗小星星。它们连在一起，犹如一个巨大的勺子悬挂在茫茫的宇宙中；那天马座，好似一匹千里马为了寻找自己的主人而四处奔驰。这一切是那么的逼真，使人觉得它们是那么的美丽，那么的迷人，那么的新奇。我爱北斗星。

36. 哈雷慧星

一架巨大的天文望远镜，镜头对着西南方，我走上前，透过天文望远镜，看到了浩瀚的太空，双子星座几颗美丽的星星闪烁着耀眼的亮光。它的附近，有一颗更明亮的星星，这就是著名的哈雷彗星。它呈浅蓝色，在镜头上看，直径约两厘米，中间是亮晶晶的，彗发清晰可见。一条漂亮的彗尾随在它身后，银白晶亮，显出许多细小的光来。尾末，一片蔚蓝色，慢慢成了乳白色，更显得它遥远、宁静、飘逸。

37. 夜空

我探出头欣赏大自然美丽的夜空。茫茫夜空里的满天繁星，像颗颗珍珠洒在碧玉盆里。星星眨着眼睛，一会儿躲进云里，一会儿又钻出来，像在跟我捉迷藏。一轮明月挂在天空中，洒出皎洁的月光，河面上披上了一层薄薄的银纱，远处的房屋、村庄、田野被笼罩在夜色之中，美丽极了。

37. 晴空

给我印象最深的是天空的明净和深邃，空气清朗透明。新鲜的、轻盈的空气静静地像波浪似的摇荡着、滚动着，似乎在高处也感到更加自由了。

我仰望着深蓝色的万里长空，没有一丝儿云彩，太阳公公高高地挂在中天，耀眼的光芒刺得我们眯缝着眼睛。

那万里无云的晴空本是浅蓝浅蓝的，像明净的水，现在蓝色渐渐加重，越来越蓝，越来越浓，像是海水在一层层加深。

霎时间，森林里传来让人心惊胆颤的吼声。随着这吼声，尘土漫天，树叶乱飞。突然，天一下子便黑乌乌地压了下来。整个天空，都是炸雷的响声，震得人耳朵发麻；锯齿形的电光，不时地冲撞天空，击打山峰！转眼之间，斗大的雨点，敲打着嘉陵江，敲打着高山峻岭……

38. 海边的天空

空中呢，在这海边的天空是最可爱的，尤其是春秋的时候，晴天的日子那么多，高高的空中，明丽的蔚蓝色，像一片彩色的蓝宝石将这个海边的都市全罩住。云是常有的，然而是轻松的、片段的、流动的彩云，在空中时时作翩翩的摆舞，似乎是微笑，又似乎是微醉的神态，绝少有板起青铅色的面孔要向任何人示威的样儿。而且色彩的变化朝夕不同。如有点稍稍闲暇的工夫，在海边看云，能够平添一个人的许多思感与难于捉摸的幻想。映着初出海面的太阳，淡褐色的微绛色的云片轻轻点缀于天空中。午间，有云，晴天时便如一团团白絮随意流荡。午后的黄昏，如果你是一个风景画家，便可以随时捉到新鲜、奇丽的印象。从云彩、从落日的渲染，从海面的山色上，使你的画笔可以有无穷的变化。

40. 夏夜晴空

夏日的傍晚，我们坐在小山坡上，仰着小脸，张着小嘴看着天上的云朵和月亮捉迷藏。也许，月亮姐姐看见地上的人都在望她，突然害羞了，就悄悄扯起一块云朵遮住她美丽的脸庞，羞涩地从薄纱似的云朵后面窥视着大地。渐渐地，月亮钻出了云朵，又露出她那可爱的脸蛋。于是，地上的一切又被月亮的清辉笼罩着，我们的脚下映出了两个紧挨着身影。

41. 善解人意的春天

春天是百花齐放，争奇斗艳的季节。春风拥吻着枝头的绿叶，踏着轻快的舞步，得意地飘向那广阔的原野，调皮地掠过人们那春意盎然的面孔。嗬！这俏皮可爱的春风。

朋友，你看见了吗？那明镜般的小池在阳光下闪烁着粼粼波光。那微带凉意的风从池面上一掠而过，扩散出道道波纹，这水纹引起春游的人们的共鸣，引起了对春天的热爱。池面上还有几对大白鹅在嬉戏，池边有一些绿色的幼木，宛若一群美丽的少女，温文尔雅，亭亭玉立。站在池边，放眼望去，前面是一眼望不到尽头的松林、茶林。绿把一切都遮盖了，密密层层的绿，重重叠叠的绿，深深浅浅的绿，明明暗暗的绿……而在那成千上万的绿色波浪起伏中，还点缀着几团嫣红，几点黄褐。嗬，这美丽的春天！

　　一大片绿色的草地，那可爱的小草绿绿的、柔柔的、毛茸茸的，宛如一床铺展开去的毛褥。花儿窃窃而立，沐着金子般的阳光，璀璨鲜美。花香、小草的芬芳和微风融在一起，更是格外的沁人心脾。一切都显得那么恬静而和谐，远比喧嚣的城市要清幽爽人，拥有喧嚣的城市所没有的山川灵秀之气，躺在草地上，感到非常的惬意、非常的舒坦。

　　天空是浅蓝色的，在一大片赏心悦目的浅蓝中，镶嵌着一个火红色的圆球，它极其温柔地遍抚着林梢，把迷离的斑驳的树影投射在那一条条蜿蜒曲折的山间小径上。沐浴在这优美的景色中，所有的悲苦忧愁显得那么微不足道，它带走了你的烦恼，带走了你的忧愁。嗬！这善解人意的春天！

42. 温暖的春季

　　春季，花园里小草偷偷地从土里钻出来，悄悄地看着外面新奇的世界；杨树换掉了白色的棉袄，穿上了绿色的外衣，去参加百树返青的竞赛；冰雪融化了，它们流成小溪，送走了寒冷的冬季，迎来了又一个温暖的春季；春雨仙子也赶趟似的，特意来到人间住几天，使牛毛似的春雨"唰唰"地下上几天。大地复苏了，鸟儿们受大树伯伯的邀请，在它们身上做窝，也高兴起来了，在春雨的沐浴中亮起了清脆的歌喉。真是一曲春天的交响乐呀！总之，到处是一片生机勃勃的景象。再看人们，都走出屋来舒展舒展筋骨，抖擞抖擞精神。我们呢，那就别说了，闷了一冬天，还不痛痛快快地玩会儿，追逐打闹，放风筝……，真是无"事"不做。

43．春天来了

春天既不像冬天那么寒冷，也不像夏天那么炎热，气温不高不低。正因为这样，春天才是美丽的百花园。

春天是有名的"画家"，它画的草是青的、嫩的；它画的花是五颜六色的、鲜艳的；它画的树干是棕色的，树叶是绿色的……总之，春天画的一切都是其它三季所画不出的。就连伶俐活泼的小燕子也加入了这个仙境般的世界，为这烂漫的春景图增添了许多情趣。

春雨下起来可没完，好像"老天爷"憎恨春天，春天一来它就哭个没完似的，不过，春雨下长了，人们在房里呆不住必然要出去。孩子们在雨里嬉闹，大人们在雨里散步，农民伯伯们最辛苦，他们忙着种地。"老天爷"的"眼泪"可是无价之宝！

宋朝诗人僧志南在诗中写道："沾衣欲湿杏花雨，吹面不寒杨柳风。"不错的，这春风像母亲用手抚摸着你，一阵阵春风吹来，真舒服啊！

春天的脚步没有声音，不过我想：我们已经知道春天来了。

44．春天是……

春，伴随着如烟、如雾、如纱的细雨，悄然降临在人间，给大地母亲换上了一件充满朝气的新衣。

草儿，在温暖的春风吹拂下，伸了个懒腰，直起了经受过一冬考验的身子。在一阵阵的春雨哺育下，吸足了养分，换上了一件嫩绿的衬衫，在晶莹剔透的露珠的衬映下，显得越发可爱了。

春，正是百花齐放的好时节。在郊外、在公园、在花坛，无处不见花儿，清香飘逸的春兰，初绽笑脸的桃花，五彩缤纷的月季，洁白无瑕的梨花，漫山遍野的花花草草……它们都在春的召唤下纷纷竞相开放、争芳斗艳，把大地母亲点缀得美丽无比！

娇气的"柳姑娘"，在春风吹拂下，摆动着长发似的修长而柔软的枝条，枝条上那黄绿色的像眉毛似的狭长叶子，使"柳姑娘"更加婀娜多姿，百般迷人！

调皮的白杨，被春雨一洗，当起了老汉。它那交错的树枝上挂着的"松毛虫"似的杨絮絮，真好像老汉长长的"胡须"！

大概春风是一个"传令兵"吧！春风轻轻一刮，远在南方的大雁便纷纷飞回了北方，褐色的大雁整整齐齐地排成"人"字形或"一"字形，在老家北方瓦蓝的天空中飞翔！伶俐可爱的小燕子也随着大雁回到了故乡，它们扁扁的大嘴巴在人们还没看清是怎么回事的时候，早就捉住了一只只小虫子。

在地下憋了一冬的各类小爬虫都苏醒了。它们一边叫着一边找食。你"唧唧唧"，我"喳喳喳"；你"吱吱吱"，我"嚓嚓嚓"。一时间，刚刚回春的大地似乎成了昆虫们"合唱的舞台"。

在田野上，春天的太阳融化了积雪。青青绿绿的麦苗随风摆动，金黄金黄的油菜花引来了大批蜜蜂。

农民伯伯挽着裤脚，背上箩筐，来到了地里，开始了辛勤的春耕。因为，春天是播种希望、预示丰收的季节！

45. 春天

风把春天的音讯已从山外的松辽平原捎过来了，可小兴安岭的春天却像个爱捉迷藏的娃娃，不管你怎样焦急地想它、盼它、唤它，它总是迟迟不肯露面，让你慢慢地等待。

终于到了那么一天，冰凌花破出母体顶冻开放，达子香也竞相在南坡的峭壁上孕育出了自己紫色的花苞，嫩弱的婆婆丁拱出地面，柳毛子枝头上的毛毛狗也迎风摆动着小尾巴。

在小兴安岭崇山峻岭寂寞了一冬的汤旺河，等急了，便"武开江"，"轰"的一声崩开了，厚厚的冰层，大块的翡翠，呼呼隆隆地向松花江奔去。

小兴安岭的第一场春雨，常常夹着细细的雪粒，带着丝丝的寒意，吹打在脸上，麻凉麻凉的，可又像母亲温柔的手，在轻轻地抚摸着人们。农民说它是播麦雨、埋汰雪。

大森林里的树木，最先感知春天的来临。冰雪还没化尽，在寒风中站了一冬的红松就忙着试它的新装了。亭亭玉立的白桦悄悄地开始柔软自己的手脚来。对春天表态晚的是水曲柳，一个春天里只挺着枝枝权权，迎春站立。

当小兴安岭展现出一派新天新地的时候，已经和炎炎夏日相连了——在这里我们只见到春天的背影，就很高兴了。男孩子把松树掉下来的小松塔抱了一怀，还笑呵呵地说，他们找到了春天。

江南的春天是风风火火闹腾起来的，而小兴安岭的春天确实是层次清晰、节奏舒缓走来的。若不是这样，怎么会令人难以忘怀呢？

46. 春天的脚步

春天，迈着轻盈的步子，映着灿烂的阳光，在草原上撒下了绣花针般的小草，吹绿了草原。我们脚底下的小草绿的可爱，踩在脚下是软绵绵的。

47. 春天到了

春天到了，池塘暖了。我家养的两只母鸭，天一亮，就下水去了。它们一会儿潜入水底吃着小鱼，一会儿跃出水面拍打着湿漉漉的翅膀，快乐极了。每天早上，我总能从鸭棚里捡到两只又大又圆的鸭蛋哩。

春天到了，农家暖了。隔壁大叔的两只小牛犊，从牛棚里探出毛茸茸的小脑袋，小脑袋还鼓出一对新嫩新嫩的"权"。妈妈扛着银锄回家，她一边走一边扯下头上的花毛巾，擦试腮边的汗水。奶奶也脱去了棉袄，咧开缺牙的嘴，自言自语地说："是太阳离我们近了嘛，春天真暖和啊！"一旁的我听着听着，"扑哧"一声笑了出来。

春天到了，田野暖了，人们走向田间，笑着播下一颗颗希望的种子……

48. 春天的颜色

假如季节有颜色，那么春便是嫩绿色的。不是吗？你看，春天到了，柳树的嫩芽悄悄地从树枝里钻出来，绿得像一层薄纱；小草儿从土里露出头来，用它那绿得青青的"脸"，静静地观看着这个春意盎然的世界。咦！那迎春花也小心翼翼地探出身子来，吐出叶片，它细细的、嫩嫩的，一片浅绿。放眼田间，白菜簇生着黄绿色的花，枸杞那绿色的嫩叶在风中摇曳，一片带有鹅黄色的嫩绿！哦，好一派生机勃勃的绿！

49. 小塘春色

春，姗姗来到了小塘。

　　绿茵茵的小草，嫩嫩的。五彩缤纷的野花点缀其间，那婀娜多姿的垂柳，湛蓝的天，洁白的云，一齐把倩影投入翡翠般的小塘里。塘里的鱼儿成群结队地嬉戏、追逐。那活泼、顽皮劲儿给人留下美好的印象。

　　小鸟在枝头尽情地奏起了悠扬的曲子。一群鸭子，在小塘里叫个不停。好一首动听的旋律。

　　夜悄悄降临，小塘像一位酣睡的少女，那么温柔妩媚。她沐浴在皎洁的月光里，显得更加娴雅、恬静。几只青蛙"呱呱"地叫着，打破了小塘的沉静。一阵轻盈的夜风把垂柳吹得婆娑起舞，那修长的枝条像美人的臂膀相互缠绕着。

　　小塘的春色令人陶醉，像进入了神奇的仙境，叫人留连忘返。

50. 紫荆山公园的春天

　　春天的紫荆山公园是多么美啊！

　　在公园里有一座美丽的小岛。小岛环境幽雅、景色迷人。

　　这座小岛被许多翠绿挺拔的雪松和柏树紧紧环抱着。行走其间，湿润凉爽，舒心得令人真想唱歌。这个绿色的小岛，犹如一张硕大无比的绿色网，一群群五颜六色的小鸟，在这绿网中穿来穿去，叽叽喳喳，报告着春的信息。

　　这个绿网在阳光下绿得发亮，绿得耀眼，绿得遮天蔽日。柏树的双臂高高举起来，两侧的巨臂伸手向小道中间，繁密的枝条交织在一起，像一片片绿色的云，挡住了烈日，组成了绿色的天空。

　　小岛的周围还有一行行的柳树和杨树。柳树，像一个个含羞的姑娘，低垂；杨树，像一个个朝气蓬勃的小伙子，昂首挺立。风来了，"姑娘"轻摇发辫翩翩起舞；"小伙子"哗哗直响，唱起欢乐的歌。

啊！多么美丽的春天，多么迷人的小岛。

51. 梨园春色

阳春三月，当万物复苏之际，梨花盛开。这花，有的开怀大笑，有的抿嘴而乐……如同一片皑皑白雪，把山川、田野点染得光辉耀眼，美如仙境。"千树梨花千树雪，一溪杨柳一溪烟。"这是古代诗人赵蜚声的诗句，恰是对莱阳梨花的描绘。在高山上看梨花，就像半空中飘着的雪白的云；在远处看，微风拂过的梨花好像雪的波浪在起伏；在近处看，一片片比雪还大的梨花簇拥着，挂满了枝头，老梨树也青春焕发了。这花的世界，这花的海洋，蜜蜂采粉传粉，蝴蝶翩翩起舞。这美丽的梨园，姿态万千、生机勃勃、令人神往。

52. 长白山的春日

春日的长白山，像个睡醒了的少女，经过和风细雨的梳洗，容光更加娇丽，神采更加妩媚了。她闪一闪明净的秀眸，山泉喷涌，溪水滚流了；她抖飘的彩裙，山花似锦，碧草如茵了；她试一试清亮的歌喉，山雀欢畅、野鹿啾鸣了。

53. 荷塘春色

春天，万物复苏，饱尝了整个隆冬严寒的荷塘已经蓄满了春水，莲藕妈妈把自己娇嫩的宝宝——荷叶悄悄送出了水面，那荷叶卷得紧紧的，两头尖尖的，就像娃娃朦胧的眼睛。蜻蜓也飞过来，落在叶尖上，亲吻着它。荷叶越长越长，越长越多，叶片慢慢地舒展开来，一块块荷叶成了一片片绿洲，把荷塘打扮得分外绚丽。你瞧，在朝阳映照下，荷叶上那晶莹透亮的露珠就像一颗颗珍珠在闪耀，随着荷叶的摇曳滚动着。在这春光明媚、鸟语花香的季节，勤劳的人们从街上买来一篓篓鱼苗，满怀希望地把鱼苗轻轻地放入河塘。这时，河塘可热闹了，洞里的青蛙大哥游出水面，跳上荷叶，亮开嗓门高唱着，一群群小鲤鱼为它伴舞。歌声把荷花妹妹也催醒了，一朵朵含苞的荷花从挨挨挤挤的荷叶中羞答答地站起来。

54. 八达岭的夏天

八达岭的夏天是极富特色的。满山满树草丛浓浓的绿，微微的山风也仿佛是绿色的了，风吹在人的脸上，沁人心脾，凉爽异常。岭上的雨，像一个有着古怪脾气的孩子，说来就来，说去就去。一阵急雨过后，八达岭就如水墨画一般。雨水洗涤干净的城墙，曲折盘旋在洁白而潮湿的雾气中。雾动，似乎城墙也在动，而且还常常有彩虹凌空升起，又悄悄给长城披上了一条七彩飘带……

55. 草原夏季

夏天，人们常说是一个"炎热"的季节，可是这里却像春天一样凉爽。早晨的草原格外清新，辽阔无边的草原被红艳艳的朝阳镀上一层金。草叶上的露珠，像镶在翡翠上的宝石，泛着五颜六色的光华。红的、绿的、白的、紫的……各色各样的野花，这一簇，那一片，把碧绿的草原装扮得比花园还美。蝴蝶在花间拍动着翅膀，翩翩起舞，像是跟野花媲美；骏马正昂着头翻蹄掌，在辽阔的草原上飞奔，颇有猛虎上山的气势。格桑爷爷，穿着牛皮藏袍，袒露着右肩，津津有味地讲述着藏族史诗《格萨尔王的故事》。我们围坐在格桑老爷爷身边，聚精会神地听着，连那在花间飞舞的蝴蝶，都落在野花上，纹丝不动。还有那骏马，竖着耳朵，它们也好像在听着那动人的故事。

56. 哈尔滨的夏天

哈尔滨的夏天是美丽的。松花江静静地流淌，碧波粼粼的江面上，几只悠闲的小船漂荡，像一幅画，像一首诗。沿江两岸垂柳成行，那低垂的树冠彼此衔接，浓密的绿荫盖了整个江畔，像母亲的双手，温柔地护卫着自己的孩子。青草地上盛开着美丽的花朵，绿树丛中坐落着可爱的雕塑，美丽中又有一种沉静的美。江边常有很多小朋友戏水。记得儿时起，每到江边，我也总是喊着要"洗洗脚，凉快凉快"，一旦下水，却偷偷地往水深处走，吓得妈妈寸步不离地从后面拖着我。松花江水是甜凉的，让人心旷神怡的。玩累了，坐在江堤的石阶上，江风迎面送来阵阵清凉，真是舒服极了。

57. 麦场上的夏天

烈日移到头顶时，麦场上充溢着火一般的热浪，空气像是停止了流动，脱粒机摇动着硕大、笨重的身躯，"轰轰隆隆"发出震耳欲聋的声响，昂着头，向外喷吐着遮天盖地的烟尘。

58. 初夏

夏天来到了。爬山虎已攀上了高高的架子，深绿的叶子叠得又厚又密，一片压一片，一片覆一片，一阵微风轻轻吹过，叶子"哗啦啦"作响，像是在歌唱。月季花池里，花开正艳，绯红一片，远望犹如绮丽的彩霞落入了人间。

59. 火红色的夏天

夏是什么颜色呢？我一边观察着周围，一边思考着这个问题。树上，那一朵朵红花跻身于繁枝绿叶之中，红得那么鲜艳，那么可爱，活像一个个绽开的笑脸。花园中，美人蕉独具一格，宽厚的绿叶中顶出几朵红艳艳，又带点淡黄的花，亭亭玉立，说它是"美人蕉"，果然名副其实。荷花更是花中一绝，花红得十分妖艳，十分妩媚，在那苍绿的大叶与澄清如镜的池水衬托下，简直像一团火。啊，夏天的花真是万紫千红、百态千姿！我明白了，夏是火红色的！

60. 海边夏季

夏天，是家乡旅游的旺季。每年的这个季节，都有上千的游客涌进海岛观光避暑。海岸轻轻地抚摸着沙滩，光滑的鹅卵石和五颜六色的贝壳，在阳光下闪闪发光。喜欢游泳的游客们，纷纷投向大海的怀抱，让那清凉的海水冲走炎热的烦恼。而那些爱好钓鱼的，则又在奇形怪状的岩石上钓起鱼来。在饥不择食的鳗鲡猛地吞下钓钩的一刹那间，垂钓者连呼吸都忘记了，此时他们只有一个念头：别让它跑了。当上钩的鱼儿挣扎着被拉出水面提到鱼篓里时，垂钓者喜形于色，手舞足蹈。另有会享用者，在海边捡来海螺、螃蟹、牡蛎……就地架火，美美地品尝着鲜美的海味。

61. 山上的夏天

　　夏天，山上很凉，山泉很甜。循着叮咚的山泉声上山，一大片一大片的橄榄树呈现在眼前。山风中，美丽的橄榄树向你招手，一串串珍珠般的橄榄果向你问好，连那长绿秀丽的橄榄叶也像一翎翎羽毛似的逗人可爱，放眼望去，漫山遍野的橄榄树把故乡的山装扮得神奇而美丽。俗话说："嚼个梅子酸死去，吃个橄榄又回还。"走累了，随手摘几个橄榄，放进嘴里，先是酸的感觉，接着就是酸中带甜，一直甜到心窝里去。全身的疲劳被这股甜味儿赶跑了。张开嘴，让带着森林芬芳的山风一吹，就觉得身体飘飘悠悠的，舒服极了。

62. 我爱秋天

　　盛夏的繁华还没让人领略够，秋就提着她的道具，悄悄来到了夏的帷幕后，静静等着自己的出场。

　　秋风是阵阵凉风，给人们带来秋的气息。它像一只温柔的手，轻轻拂动人们的头发，抚摸人们的面颊，还把醇香的希望送进每个人的心里。秋风把天吹得那么蓝，那么纯，仿佛是一块无瑕的蓝水晶，正所谓"秋高气爽"。偶尔，扯几丝淡淡的白云做花边，于是又像镶着银边的蓝缎子，一直延伸天地相接的远方。这明净的天空，让人感到心里开朗朗的，乐滋滋的。

　　秋风刚刚拂面而过，秋，款款登场了。她在帷幕上调配上了火热的色彩，颜色浓得仿佛要滴下来。

　　秋的火热，在田野里。

　　抬眼望去，到处是令人欣喜的景象。不说那黄灿灿的玉米摇着胡须，也不说那串串红辣椒在绿叶丛中眨眼。单是这翻着白云的棉花，就让你神往了。颗颗棉桃都裸露出雪白松软的棉絮，一团团紧挨在一起。这一朵朵"白云"叠成了滚滚的"云海"，采棉的人们脚步轻盈地在"云海"中飘动。有时他们就会产生错觉：莫非自己腾云驾雾来到了天堂——不，这儿就是天堂，这儿比天堂还美！人们的嘴巴也像绽开的棉桃，再也合不拢了。

秋的火热，在果园里。

丰硕的果子散发着幽幽的果香，紧紧依偎在果树妈妈的怀里，等着辛勤的人们把它摘下来。其中，最显眼的是那片山里红。一簇簇、一丛丛，红润光泽，迎着太阳光，上边的露水一闪一闪，迸出灿烂的光芒，渐渐汇成了一片，莹莹点点，仿佛是璀璨的群星。沉甸甸的大鸭梨，奶黄的一片，缀在枝头一晃一晃地打着秋千。幸福的人们，正忙碌地采摘果实，那香甜的果实被手指轻轻一触，就融进人们的心窝里，激起一圈圈甜蜜的涟漪，再一圈圈荡漾在人们的眼睛里，人们的脸颊上，人们的嘴角边……

秋的帷幕上，色彩渐渐变淡。她以一种清雅的颜色，向人们勾画出了一派柔柔的诗情画意。当最后的几阵秋风吹来，树上的叶子终于经不住大地妈妈的呼唤，争先恐后地穿上黄色的外套，然后拖住略带寒意的秋风的裙带，欢笑着，在空中打着旋儿，悠悠地飘飘下落。成千上万只黄蝴蝶，在空中打着旋儿，悠悠地飘飘起舞。好一场金雨！它们纷纷从眼前绕过，然后轻轻落地，悄然无声。不一会儿，世界一片金黄，又一阵秋风吹起来了，于是，又一场金雨铺天盖地……

我爱秋天，因为它果实累累，充满诗情画意；我爱秋天，因为它明快、欢乐、绚丽多姿；我爱秋天，因为它把我们领出夏的狂热和浮躁，把我们逐步领向成熟！

63. 秋天是丰收的季节

一提到秋天，人们往往会想到"蓑草连天"和"秋风扫落叶"等字眼，似乎秋天就是萧条破败，毫无生气的代名词。然而在我的心目中，秋天却是一个十分美丽的季节。

你看，那片柿树的果实多红多大，在绿叶的陪衬下，真可谓多姿多彩。那熟透的苹果又红又亮，鲜艳美丽，惹人注目。大鸭梨沉甸甸地挂满树枝，金光闪闪。葡萄则一串串地向下垂着，晶莹透明，水灵可爱，就像是能工巧匠用水晶和美玉雕出来的一般。好一派迷人的秋色啊！

远处的群山显得迷茫而又壮观，使人感觉那里仿佛就是仙境，顿感心旷神怡。近处的山峦则线条清晰，形态各异，山上的一草一树都历历在目。山与山之间的田地里，有几个小黑点在晃动。我想，那一定是饱经风霜的农民在收获着他们用辛勤的汗水浇灌出来的果实。此时，他们心里该是多么欣慰啊！

仰望天空，天空是蔚蓝色的。天边有几朵白云，阳光斜射过去，给它镶上了美丽的金边。此时，一种秋高气爽的感觉又油然而生。

俯视大地，小草虽有些枯黄，但他们坚韧不拔地挺立着，像要为这美丽的秋天再增添一些生气。

山坡上的梯田里，金黄的谷子刚开始收获，高粱又露出了红彤彤的笑脸。打谷场上，谷堆已经堆成了小山。而田间小路上，运送谷子的车辆还在来往奔忙。

秋天是收获的季节。秋天的天空和大地，田野和山峦，一切都是那么美丽。

64. 云龙湖秋景

一踏上云龙湖大堤，那清新的空气顿时令人心旷神怡。大堤两旁种着高大挺拔的白杨树，秋姑娘为他们换上了金黄色的毛衣。一阵风吹过，一片片落叶像一只只俏丽的蝴蝶，在我眼前舞动。

从大堤上下来，我来到云龙湖岸边。眼前的美景令我感觉仿佛置身于仙境中。朝雾蒙蒙，缥缥缈缈，一切景物在雾中若隐若现。不多时，太阳升起来了，云龙湖在朝阳的轻抚下，景色更是千变万化，奥妙无穷。只见柔和的阳光把湖水染得斑驳陆离，微风轻拂，云龙湖泛起一圈涟漪，拖起无数光带，恰似一条条素绢在水面飘动。这时，一排排的渔船已在湖中心活动，惊走的野鸭四处游荡；一群群的鱼儿将头探出水面，迎接初升的太阳。湖水如玉，游鱼斑斓，好一派迷人的风光！

65. 草原秋色

秋天，秋风瑟瑟，整个草原变成了一个金色的海洋，虽然没有蝴蝶和蜻蜓飞来，五颜六色的鲜花不再开放，但是我又看到了那庄稼丰收的情景：勤劳的人们在丰收的田野里割青稞，右手紧紧拿着镰刀，左手抓一把青稞，刈着麦，叔叔们把麦子背到麦场，阿姨们用手连枷拍打着麦穗，那饱满的青稞像刚落生的婴儿一般从麦麸里跳出来。年老的阿爸和阿妈看到那饱满的青稞后，唱着丰收的歌，围成一圈兴高采烈地跳起圈圈舞。秋风吹来，野草随风起伏，不断播下饱满的种子，待到第二年，再破土生长。这时，抬头一望，秋天的草地真像一块金色的"地毯"。

66. 秋天的田野

秋天的田野，在我们眼里是一幅多彩的画，在我们耳中又是一曲美妙的歌。田野上，高粱红了，谷子黄了，野兔在路边窜来窜去，蝈蝈在地里唱个不停，老牛叫，毛驴跳，挂着铃铛的大马车叮当叮当跑得欢。这时候，我最喜欢和爸爸一起赶着马车去地里拉庄稼。当爸爸驾着车把满满的一车庄稼往回拉时，我便躺在车顶上，仰面望着天空悠悠的白云，身子随马车一颠一颤，心里便涌出无限的遐想。

67. 喀什的秋天

夏末秋初，是喀什最美的时节，到处是瓜，到处是果，到处是汽车、拖拉机的轰鸣声和人们的欢笑声。葡萄园里一嘟噜、一嘟噜的葡萄层层叠叠，"翡翠楼"、"马奶子"、"红玫瑰"圆润可爱，整个葡萄园珠宝一串连一串。在田边地头，红色的、黄色的、白色的沙枣，一串串、一颗颗、垂挂着，探着头在浓密的枝叶中，粒粒晶莹。它是我们喀什孩子最喜爱的"野食"。西瓜、哈密瓜就更不用说了，大家都知道它们是新疆人民的骄傲，也更是喀什秋天的明珠。

68. 岛上秋季

秋天的家乡可谓是花的海洋。金黄色的野生菊花、美丽的蝴蝶花、粉红色的石竹花，还有许许多多的野花混杂在一起，犹如一幅巨大的五彩锦，就连那悬崖峭壁也披上了华衣。人们都说，天横岛的秋天是百花盛开的季节。秋天，还是渔民们捕虾的黄金季节。开捕之日，成群的船只在一片马达声中，迎着清凉的秋风，像离弦的箭一样冲向大海。此时的海面，到处是一片繁忙景象。渔民们望着鲜红的大对虾，那紫色的脸上绽开了笑容。

69. 故乡的秋色

　　秋天一到，果子的芳香扑鼻而来，沁人心脾。且不说黄橙橙的鸭梨压弯了树枝，红红的苹果像小灯笼挂满枝头，单那绿色走廊一样的葡萄架，就够我陶醉的了。啊，迷人的葡萄架啊，多么芳香、幽静！茂密的枝藤，爬满了架子；在那又大又绿的葡萄叶下，挂着一嘟噜一嘟噜的葡萄。紫黑、溜圆，像一串串晶莹的玛瑙，放在嘴里一咬，汁水像蜜一样甜，一直甜到心里……我和堂妹在葡萄树下"捉迷藏"，玩起来就没够……

　　太阳快落山时，那苍翠的远山，被夕阳映得姹紫嫣红。轻风吹来，田野上散发着清幽的芳香。刚刚收割的庄稼，装满了一车又一车，随着那清脆的鞭子一响，田间小路上留下了一串串马铃声。路边，那晚开的野菊花悠然地摇曳着花枝；那密密麻麻的山枣，也被夕阳涂上了"胭脂"。啊，秋天，你似那支神笔，在故乡的大地上描绘了一幅多么美丽的图画啊！迎着秋风，欣赏着这迷人的秋色，真令人留连忘返……

70. 金色的秋天

　　秋天与夏天相比，将是另一种色调，因为它意味着成熟、繁荣。让我们来到田边，瞧，田里那饱满的玉米穗，披着红缨，红中带黄，黄中交红，仿佛是一杆红缨枪。田里的稻秆，被沉重的果实压弯了腰，黄灿灿的稻穗里一颗颗饱满的麦稻已经呈现在眼前。如果去果园，那你将看到一个个逗人喜爱的苹果，有的青中透红，有的金光闪闪，都透出一股香气来，多迷人哪。有人说，金黄色是丰收的象征，那么你看，秋是不是金黄色的？

71. 山坡上的秋天

朝阳升起来了，把秋天的天空照得异常明亮。由秋天的野花装点得色彩斑斓的山坡，在阳光下，更加绚丽。风吹动着枫树的树冠，沙沙作响。一柄枫叶脱开了枝头，随风悠荡荡地飘落。它在生命的最后旅程中，给这个世界留下多么美好的形象。

72. 冬之交响

冬季，天幕低垂，整个林区格外清冷。蒙古高原的寒流卷着鹅毛大雪呼啸而至，群山轰鸣，似雷霆滚过，松林澎湃如惊涛击岸，杨柳银白光洁的枝条在狂风中挣扎，发出凄厉的尖叫。远山近岭如披玉甲，更有"梨花"竞相开放。我走到林中小路上，听着大自然雄壮的冬之交响，犹如置身于古战场中，"马嘶金鸣"、"戈戟铿锵"，真仿佛有千军万马在这里酣战，古代边塞诗人那雄壮中略带悲凉的诗句叩击我的心扉，"……四边伐鼓雪浪涌，三军大呼阴山动，虏塞兵气连云屯，战场白骨缠草根……"不由使人意气飞扬，对戎马生活的向往之情油然而生……

73. 喀什的冬季

灿烂绚丽的秋天一过，便是冬季。有些人把冬季比作"残暴的君主，扼杀了一切生灵"，而喀什的冬季却充满了愉快的欢乐。这时的喀什河已经结冰，白白的河床向前延伸着，掩映在枯黄了的芦苇丛中，成群的孩子在那儿发出阵阵欢笑声。

74. 冬景

冬天，太阳冉冉升起，那雪峰霎时射出一道耀眼的光彩，犹如夺目的珍珠镶嵌在仙女的白纱上，显得那样飘逸。时而白云浮过，像仙女们的头上顶着一朵朵白色的邦锦梅朵（"梅朵"是花的意思），显得那样可爱、美丽；时而万里晴空，在蓝天的衬托下，仙女们又显得那样妩媚。傍晚，夕阳洒遍大地，雪山之颠偶尔显出一丝红晕，如仙女们倩容上微红的胭脂，显得那样动人。真可谓"红装素裹，分外妖娆"。

75. 哈尔滨的冬天

哈尔滨的冬天是神奇的。大地常在一片"银装素裹"之中，房顶压着厚厚的白雪，树上挂着绒绒的冰花，让人不由地想到了白雪公主。到了夜晚，冰灯大放光明：冰铺的路、冰架的桥、冰的宫殿、冰的宝塔、冰的龙、冰的凤、冰的神猴孙悟空……一切都是冰的，你就像走进水晶的世界，雄伟、神奇、五彩、晶莹，让人眼迷心醉，心中涌起美丽的向往……哈尔滨人不怕冷，越冷越能吃冷饮。在众多冷饮中，我最爱吃的是"冰点"。那是用冰做成的点心，好吃得简直无法形容，凉凉的、脆脆的，吃在嘴里甜凉甜凉的。每次不吃到舌头麻木得说不出话来，我是决不肯罢休的。

哈尔滨是我的家乡。我爱那里的夏天、冬天；爱那里的垂柳、小船、冰灯、冰点……我爱那里美丽的风光！虽然已有三年没回哈尔滨了，但我不会忘记它，不论我到天南地北，我心中会永远有一个风光美丽的哈尔滨。

76. 初冬

当初冬的脚步悄然来临时，这里便下起了小雪。开始是一种小雨，不多时，雪花夹杂着雨落到地面上，刹时间就融化了，地上湿润了。它落到人们的身上、脸上，使人不禁打个寒颤。

瞧，远远的山坡上，树林子里，槐树和杨树的叶子都落光了，它们在寒风中抖动着光秃秃的树丫。而那四季常青的松柏，都挺着笔直的腰杆，就像威武的哨兵，迎着呼呼的北风，一点也不屈服。

77. 林海之冬

冬天，寒风凛冽，大雪纷飞，千里林海白皑皑，西北风刮起"烟炮儿"，真美呀，天地间是一片银白世界。猎人进山，定能满载野猪、黑瞎子和狍子而归。林海深处的采伐点上，油锯嘟嘟响，"顺山倒"的号子经久不息，铁牛拖着打掉杈子的圆条"嘟嘟"地跑下山岗，中楞场上的绞盘机伸出长长的胳膊，一抓就装满了铁车。小火车拉着一列列长圆条，冒着浓烟，"呜——呜——呜"地穿山越岭，来到贮木场。卸车天桥拖下圆条，大带锯锯成方板，让火车运向祖国四面八方。好啊！电锯声、号子声、绞盘机声、火车汽笛声……汇集在一起，真是一曲建设四化的交响乐。林海的冬天真热闹。

78. 南国冬色

冬天，珠江岸边的田野，还像春天一样，常绿的香蕉林、荔枝林和各色各样数不清的果树都呈现着欣欣向荣的景象。我走进一个盛产香蕉的村庄，就像走进一个美丽的公园似的。珠江上拂来的暖风，清新的香蕉气息，太阳蒸发着的菜花味儿，都使人深深地感到亲切可爱。

79. 北国的冬天

冬天，那充满寒意的冬天，另有一番景象：天空中洁白的雪花，绕着圈子，像是顽皮的小孩子在互相追逐着，玩够了，才飘落在地上；又像满天飞舞的柳絮，迈着轻盈的步伐，悄悄地来到人间。瑞雪给大地穿上了银装，整个世界变得白蒙蒙的，好像在天地间拉了一道雪白的帷幕。巍巍的长城显得更加妖娆……。好一个银白色的世界！好一派雄伟壮丽的北国风光！我喜欢冬天，是冬天迎来了一个温暖的春天，是冬天锻炼了大地的一切生灵。

80. 冰天雪地

严冬，拖着长长的尾巴，大地，盖着茫茫的雪，乌云，很浓、很重，把巍峨挺拔的大青山吞掉了一半，没有一丝风，空气凝固了，整个天空像要塌下来。

这是滴水成冰、呵气成霜的季节，降过一场大雪，北风一刮，马路上结着厚厚的冰凌。路边的树木缀满银花，建筑物像琼楼玉宇似地闪着耀眼的银辉。

81. 校园的冬天

春天的校园，富有生机；夏天的校园，充满活力；秋天的校园，挂满笑意；冬天的校园则是另有一番情趣！

瞧，校园四周，教室门口，一棵棵桐树虽然落光了叶子，只剩下枝枝杈杈，可是仍然显得很威风。它们凝神伫立在寒风中，好像坚守哨位的战士。

看，那甬路两旁的青竹翠柏，整整齐齐，像两条绿色缎带。在这寒冷的冬天，为校园增添了几分春的色彩……

下雪了，纷纷扬扬的雪花，满天飞舞。不一会儿，整个校园变成了银色的世界。地面成了"雪毯"，房上铺满了"棉絮"，那桐树上开满了"梨花"，柏树上、竹枝上挂满了"雪球"和"银条"。远远望去，一树琼枝，粉妆玉砌，充满了诗情画意。好一个洁白无瑕的校园！

雪停了，同学们跑出教室，涌向了操场。活跃的身影和欢快的笑声，又给校园景色增添了新内容。雪地上，五颜六色的身影像彩蝶般轻盈活跃，一片沸腾景象。堆雪人、打雪仗、投沙包、跳绳、踢毽子、上软梯、荡秋千……你玩你的，他玩他的，热闹极了。歌声、笑声，传达着彼此的兴奋，沟通着彼此的心灵。

冬天的校园，你是这样美丽，可爱！

82. 清新的早晨

我不记得还有比这更蔚蓝更清新的早晨了！太阳刚从苍翠的山巅后面露出来，它的光线的最初的温暖跟夜间即将消逝的凉爽的交流，在一切感觉上都引起一种甜美的倦意；晨曦的欢乐的光辉还未射入溪谷里来，它只把那高悬在我们两旁的峭壁的顶端给映成金黄色；那些长在它们深深的岩缝里的叶子茂盛的灌木丛，随着微风的拂动把一阵如银的露珠撒在我们身上。我记得——这次，我比往常更喜爱大自然了。我是怎样惊喜地去欣赏那在宽阔的葡萄叶上颤动着的和反射着千百万道虹彩的每一滴露珠啊！我的视线是多么贪婪地想渗入那苍茫的远处啊！

83. 拂晓

　　天空浅灰色，西北角上浮着几颗失光的星。隔墙的柳条儿静静地飘荡着，一切都还在甜睡中，只有三五只小雀儿唱着悦耳的晨歌，打破了沉寂。我静静地站着，吸着新鲜的空气，脑中充满了无限的希望，浑身沐浴在欢乐之中了。天空渐渐变成淡白的——白的——浅红的——红的——玫瑰色的颜色。雀儿的歌声渐渐高起来了，各处都和奏着。巷外的车声和脚步声渐渐繁杂起来。一会儿，柳梢上首先吻到了一线金色的曙光，和奏中加入了鹊儿的清脆的歌声。

84. 乡村早晨

　　一夜的静寂被几声清脆的鸟鸣打破，黎明的朝霞之下，一个沉寂的小乡村活跃起来。

　　这是一个在群山环抱中的小乡村。远方的山连绵起伏，近处的山突兀森阴。山上的树木长得十分繁茂。在这里的人看来，每一分新绿都充满了生机，都预示他们的前程如花似锦。

　　一大清早，几位老农便拿着工具、赶着牛，匆匆下地去了，别看老人家年过花甲，哪里舍得下他那心爱的土地呀！干起活来年轻人都不是个儿，真可谓壮心不已啊！

年轻人正忙着擦那崭新的拖拉机。生活富裕了，买辆拖拉机，耕种这些事用不着全靠人力了。瞧他多忙碌，一定是急着要下地干活吧！

田里热闹起来，"哒哒哒"，随着一阵急促的马达声，好几辆崭新的拖拉机开进田里，地里一片欣欣向荣的景象。

太阳从青山后冉冉上升，照得树木、白云都像镶了一圈儿金边，这是乡村迎来的黎明的曙光，这是乡村未来的一片火热的希望。

85. 秋天的早晨

秋天的早晨站在大坝上看水库最好。

天亮了，水面上蒙着一层雾气，往东看去，一片模模糊糊，马开山黑乎乎地遮住了半边天。不一会儿，太阳出来了，但是被马开山挡着。渐渐地，水面上的雾气消散了，马开山揭去了身上的轻纱，看得非常清楚了，真像一匹巨大的骏马向北低着头喝水。太阳继续上升，平静清澈的水面上出现了深蓝色的马开山的倒影，山尖伸到了坝跟前，非常清晰，使人忘了是在大坝上，觉得是站在山顶上呢。

有几只小船，从岸边划了出来，到深水里收鱼网。一群群野鸭受惊了，扑棱棱飞了起来。先是"嘎嘎、嘎嘎"低声叫着，贴着水面飞一阵，然后越飞越高，在水库上空转一圈，看看不能再落下了，才"嘎——嘎——"地叫着向远方飞去。

86. 城市早晨

路上的行人稀少，只是不时传来一群麻雀"叽叽喳喳"的叫声，在这寂静的环境里显得十分悦耳。一排排刚发芽的树木，在早晨的微风中轻轻摇摆，显得轻松愉快。

漫步在大街上，让晨风轻抚脸颊，顿觉清爽愉快。白天的天空透着淡淡的蓝，让人看了舒服。高大的建筑物都在沉睡后苏醒，静静地准备工作。东方的云彩好像分出了鲜明的层次，有的红，有的黄，有的粉，好像画好挂在那里的巨幅画卷。街上慢慢地人多起来，公园里，大路边，有成群结队的老人在练功，有调皮捣蛋的孩子在玩耍，有上学的学生急匆匆地走着。

工厂里的烟囱冒出了淡淡的白烟，家家户户的厨房里冒出一股股白色的水蒸气，小河里腾起水雾，这一切溶合在了一起，简直是人间仙境！

真美啊，我陶醉在这仙境里！

87. 海边早晨

清晨，我时常到海边散步，望着大海遐想，坐在海边岩石上读书。一天，我起了个大早，见到了这里的海上日出。那时，红霞满天，海波上跳动着火焰。突然间，一颗火球浴水而出，顿时把万道金光撒向海面。海面上五光十色，让你分辨不出哪里是水，哪里是天。我敢说，那壮丽磅礴的景色，绝不亚于泰山日出。

88. 初冬的早晨

初冬的早晨真有点冷。太阳也躲在云里迟迟不肯出来，染得满天朝霞一片粉红，好像围上了一块遮羞的面纱。

路边的野草已不像春天那般生机盎然。它们都枯萎了，在微风中耷拉着脑袋。而河边那些本来枝繁叶茂的小树，也已被寒风刮去了满头的绿发，只剩下光秃秃的树丫。可能它们特别怕冷，好心的人们就用稻草将它们的身子裹得严严实实的。

但在枯黄的野草当中，我发现了一些不知名的野花，格外显眼。别的树叶落了，而松柏树仍旧那么郁郁葱葱，在寒风中骄傲地挺立着，像一个个不屈的斗士，准备要与寒风争个高低。

89. 黄山的清晨

第二天，我们起得很早，想观日出，然而很遗憾，没能看到，但我们看到了如梦如幻的茫茫云海。只见云雾翻腾、飞行，有时像大海波涛汹涌起伏，有时又像千军万马奔腾。那些露在云上的峰顶，好像大海中的礁石。黄山四绝之一的云海，果真名不虚传。"看！猴子观海！"有人喊了一声，人们不约而同地向他指的方向望去。远处有一块巨石像只猴子，端坐山上，面对茫茫云海若有所思。啊！云海的景色，真使人赏心悦目，留连忘返。

90. 鱼塘清晨

乳白色的晨雾笼罩在塘面上，看不清水面上的景物，只听见从塘里传来"扑通""扑通"的声音。我好奇地跳到水边，弯着腰探着头观看。过一段时间，一轮红日从东方升起，驱散了乳白色的晨雾，塘面豁然开朗，一种奇异的景象展现在我的眼前：鱼儿戏水，水面上像开了朵朵鸡冠花。群鱼追逐，水波荡漾，一波未平，一波又起，在阳光的照耀下，泛着耀眼的金光。

看！塘四周的碧草，是那么鲜，那么美，塘面上那只小船由远而近，劈波前行。船上站着一位年近半百，身穿灰色的确良衬衫，鬓角有几根白发的人，他就是养鱼专业户王大伯。王大伯一手撑着篙，一手撒着鱼料，鱼儿追食，水面浪花四起，好一幅银鱼戏水图！

91．山间正午

到了正午，太阳光又恢复了灼人的光辉，云也恢复了白色，给山脚下色彩斑斓的池面罩上依稀丽影。顺着对面的山崖向上看，山岭盖着轻云，天空是一张浅蓝色的网，网着白云，网着绿色的树木和青青的小草。

92．秋天的中午

中午，群峰披上金甲，阳光在水面上跳跃，长江也变得热烈了，像一条金鳞巨蟒，翻滚着，呼啸着，奔腾流去；而一面又把那激荡的、跳跃的光辉，投向两岸陡立的峭壁。于是，整个峡谷，波光荡漾，三峡又充满了秋天热烈的气息。

93．河边黄昏

甸子上的牛仍在贪婪地吃着草。太阳缓缓地滑下西山，给大地洒上了一片余辉。我坐在石头上，脚下的小河哗哗地流淌着，不时泛起一朵朵白花，卷起一个个漩涡。调皮的小鱼时而跃出水面，时而游到河边戏水。岸上数不清的小野花，可能是白天怕见太阳公公，花瓣紧闭，可这时争着昂起头，悄悄地打开花瓣，露出花蕊。花粉的芳香直往鼻里钻。附近大柳树上叫不出名的小鸟，觅食后，归巢前，站在枝头上梳理羽毛，然后唱起悦耳的歌，歌声轻轻地拨动着耳鼓，使人心驰神往。

94. 校园黄昏

夕阳染红了一片天边，火红的晚霞映照着整个校园。

黄昏的风使我们感到欢畅，因为这时没有老师的严厉训斥，没有课堂的死气沉沉；有的是自由自在的活动，有的是活泼快乐的友情。这里的课余时间是我们的天地，足球场上有我们矫健的身影，随着球儿，我们灵巧地踢出一个个飞旋的球；虽然脸上脖子上都有汗，我们还在网前扣出一个个银白色的光环。我们是欢乐的一群，怎能耐住那长久的沉默？在欢欣的嘻笑里，我们的精神解下沉重的负担。

风缓缓地吹来了，把我们身上的汗水吹干。校园里的灯光洒满窗前，像天幕上洒下的一抹青纱，校园更加朦胧了；夜色渐渐地浓了，忙碌了一天的我们，怀着恋恋不舍的心情离开了这个温暖的家，再回到那个温暖的家。

95. 乡村的黄昏

乡村的黄昏是美丽的。

你看，西边现出一片红云。这云彩底下最红，越往上越浅，末了竟成黄色的了。喧闹了一天的乡村悄然地静了下来，鸟儿飞进树林，飞回了窝巢。农民们也不约而同地从田野里走回来，俩一群、仨一伙地映着火红的晚霞，身上好像镶了一道金边。"西边的太阳快要落山了……"小李放开喉咙，霎时，男中音在田野上飘荡。"哞——哞——"老黄牛也舒心地扯起了长声，互相应和着。农民们忘记了一天的疲劳，惬意地向村中走去。

67

和风吹来，稻田里泛起微微绿浪，火红的晚霞，绿的田野，构成一幅美丽的水彩画。

离村子越来越近了。家家户户屋顶上升起了缕缕炊烟，仿佛在欢迎收工的人们。随着晚霞的逝去，天越来越暗，整个村庄笼罩在暮色里，沉浸在一片和谐与宁静之中。

96. 水库的黄昏

水库的黄昏是最迷人的。

夕阳像一把火染红了西山的晚霞，湖水也一半是红一半是蓝，真是"一道残阳铺水中，半江瑟瑟半江红"。湖面上一只只撒网的渔船在波光粼粼的水面上轻轻地划着，辛勤的渔民们从网上摘下欢蹦乱跳的大鱼，那丰收的喜悦不知让多少人激动。

97. 城市的黄昏

我抬头看，那淡蓝色的万里晴空，像平静的大海似的，一望无际。接着，天空由淡蓝色变成了深蓝色，就像一位画家用蓝色的画笔层层加深。太阳悄悄地躲在一幢幢高楼大厦间的缝隙之中，好像一位害羞的小姑娘似的，露出小半边红彤彤的脸。过了一会儿，夕阳镶嵌在西边几幢房子旁边，发出耀眼的光芒。顿时，它身边的天空呈现出黄里透紫的美丽色彩。这时，不仅大楼、树，连我也成了光亮的了。

又过了一会儿，太阳光逐渐变弱，可它的脸颊更红了，像一个大火球，向着天空，向着地面，向着那一幢幢高耸的大楼，喷射出红艳艳的光芒。天边的晚霞，慢慢地扩大范围，而且在不断地更换着锦衣，先由粉红色变成大红色，最后又变成紫檀色的了。刹那间，艳丽的晚霞弥漫了大半个天空，像铺开了一幅巨大的、瑰丽的丝绸。

太阳慢慢地从楼房后退去，而后，它便消失得无影无踪了。它身边的晚霞，也收去了最后一丝余辉。天空的颜色逐渐变暗，星星缀满苍穹，它们像小朋友的眼睛一样眨呀眨的。夜幕降临了。

我凝视着天空，陶醉在这日落的奇观之中。

98. 盛夏的黄昏

盛夏的傍晚，夕阳的余辉洒落在水面上，自然会使人联想起"一道残阳铺水中，半江瑟瑟半江红"的诗句来。这时，那些养鸭专业户赶着一群群鸭子，那鸭子"嘎嘎嘎"地叫着，拍着翅膀游戏，激起层层波纹。我和同学们有时也禁不住跳入它的怀抱，尽情地游着……

99. 香山的黄昏

但香山的黄昏却给我带来另一番感受。这日下了整整一天的大雨，到了黄昏，已是微微的小雨了，打在脸上很清凉。路边的小道上泱泱流淌着细细的小溪，那是雨后的积水，缓缓地顺坡上往坡下流。我生怕地上的水溅湿了鞋子，蹦蹦跳跳地拣干的地方走。忽然看见顺溪漂过来一只只纸船，也不知是哪家的孩子，叠得那么精巧，把它们放进水中，带着那份美好的心愿，船儿漂着漂着，从我脚边漂过，又向下面那地势开阔的地方漂去……

我怔怔地呆了一会儿，抬头望了望碧洗的天空，虽然是黄昏，却看不见夕阳、晚霞。头顶上的这片天就像鸡蛋清那样明澈，毫无瑕疵，蓝得像一块完璧，难怪有人说天空是倒过来的海。但大海是深沉而不可预测的，而此刻的天空分外明净，比之海洋少了狂躁多了泰然！朗朗的天空下，一团氤氲的白雾笼罩着四处的青山，便如一片淡淡的烟云，四下里弥散。若是让我给这山起个名字，那我必要"缥缈峰"三字，这才格外贴切地展现出这山的神秘与美丽。

我漫步而行，视野里看不见一个人，只有满山遍野的绿色。空气中散发着干净纯洁的泥土气息，清风扑面欲醉，心灵也随着这无邪的绿意的洗涤而趋于宁静。突然想起，原来是黄昏也可以这样美的，难怪曾有人说"夕阳无限好"。黄昏原本苍悲的美境也可以转化为这样的恬静纯真，或许人生命感触的美好也就在黄昏一刻尽显。尤其是雨后黄昏，经风雨洗礼之后反而愈发青翠欲滴，全然不见了以往那份伤感，那份黯淡，多么持久的美好……

100. 茅桥的夜晚

太阳落下了山顶，天边出现了红红的晚霞，有的像仙女散花，有的像八戒吃西瓜，有的像矗立的山峰，也有的像奔腾的江水，形态万千，煞是好看！它们真要漂亮，还要在新修的市河里照着影儿装饰呢。

晚霞慢慢消失了，但西天还飘着几瓣"红雨"。最后，"红雨"也消失了，天渐渐黑了，一轮金盘似的圆月，从天边冉冉升起，那河面，给抹上了一条金边。我捧了一把河水，河里的月亮变成了碎金子，我的手中，却留了个月亮。

天上，星星多了；街上，明亮极了。远远的街灯和星光接了起来，一眨一眨的，分不出是星星还是灯光。这些星星和明灯倒映在水中，荡漾着，闪烁着，一直伸向河底。

"呜——"，一声长鸣，一支装满石料的夜航船队由南向北驶过。顿时，河面波纹起伏，月亮、灯光和星星被撕成了碎片，摇晃不止。好一会儿，河面才恢复了平静。

伫立桥头，远远望去，万家灯火犹如一只只用金子雕成的花篮，悬在半空中。河面上，灯火通明，莫不是龙王在水晶宫里举行盛大宴会？

夜深了。

我，恋恋不舍地离开了茅桥。

101. 水神堂夜景

水神堂是我的故乡广灵县的一处自然风景区。记得我还没上学时，每到夏天吃过晚饭，大人小孩都来到水神堂里的一个大池塘边聚会，在这里消消一天的疲劳，散散一身的暑气。

这时，青蛙们总是蹲在荷叶上，呱、呱、呱地为人们演奏着那首永不变调的迎宾曲。一只只小小的萤火虫在我们面前飞来飞去，像是在为人们打彩灯。而天上的星星就不同了，它们就像小孩的眼睛，一闪一闪地、好奇地望着在这里聚会的人们。

……

夜深了，人们一身的暑气已散尽，天也凉快多了，于是依依不舍地离开了大池塘。

青蛙们奏起了送宾曲，萤火虫提着小灯笼，鱼儿跳起了欢快的送宾舞，银色的尾巴不时打着水面，溅起一串串晶莹的水花……

102. 城市夜景

一个晴朗的夜晚，我一口气登上了坐落在市中心的电业大厦，想把天边最远的星星看个够。当我放眼远望时，哎呀！只见天上的星星和地上的灯都掺在一起了，灯火比星光更灿烂。后来，我索性不看星星了，看起一片片的灯光来。

正东，那两排整齐的亮点，是颖河闸和颖河大桥俩姐妹胸前的一串串"夜明珠"；那流动的亮点是空中的流星吗？不，那是川流不息的车灯。

向南看，啊！好漂亮呀！那"二里井"新建居民区的灯光，像天上的银河，闪闪烁烁，密密麻麻。你看，旁边几个比星星还高的大亮点是什么呀？哦，原来是建筑工区脚手架上的灯。哈！又要建成大楼了！

正西，哎？那里什么时候也汇成了灯的海洋？前年老师带我们春游经过那里时，还是一片菜园呢！

正北，五光十色，我一看就知道是露天音乐茶座，这些跳动的彩灯呀，把老城装扮得像个美丽活泼的姑娘。

还有些散乱灯火，是一家家一片片的"小吃群"。从这一片片的灯火里，我似乎闻到了一股股牛肉汤、小笼包子的香味……

最醒目的一颗星，要属电视塔上的那盏红灯了！我想，它站得那么高，准能看见天安门广场的灯火吧！

103. 夏夜

夏天的夜晚，晚风习习，平静的湖面像一面大镜子，镜中倒映着岸边的亭台楼阁和垂柳。一轮圆月，静静地躺在湖面。这里的小动物正在举办音乐会，青蛙拍着鼓"呱呱"作响，蝈蝈低声在弹琴，路边的草丛中还时时传出带颤音的歌声，那是纺织娘娘演奏的《夏夜曲》。

走着，走着，突然我停下了脚步，向湖里扔了一块石子，"啪"地一声，大镜子破碎了，顿时湖面晃动着细碎的银光。我被一池荷花给迷住了，只见池中挨挨挤挤的一朵朵荷花翘首仰望夜空星斗。"啊！

多美的荷花。"我不由自主地说。一阵凉风,清香扑鼻而来。月光下,那一朵朵荷花,花瓣洁白,每一片花瓣足有小手掌大,五六个花瓣组成了一朵大荷花。荷花千姿百态,有的像那害羞的小姑娘,涨红了脸,躲在碧绿的荷叶下;有的好奇地探出头来,望着这美丽可爱的人间;有的像那俊俏仙姑正对平静的湖面梳妆打扮;有的只展开了两三片花瓣儿;有的花瓣儿已全部展开,正露出了嫩小的莲蓬。一朵朵荷花真像一个个亭亭玉立的少女,她们站在荷叶上,荷叶似一片片云雾,好像仙女刚从天上腾云驾雾下凡一般。突然,一只青蛙跳到荷叶上,溅起的水珠落在荷叶上,水珠来回滚动着。我被这美丽的夜色陶醉了,我似乎变成了一只小蜜蜂,在湖面上飞来飞去,我一会儿瞧瞧这朵,一会儿看看那朵,觉得一朵赛过一朵。我兴奋极了。又是一阵晚风,风婆婆好像唱着"荷花美呀,荷花香……"荷花、荷叶都翩翩起舞,荷叶的舞姿别有一番风味,真有点迪斯科味儿,我也情不自禁地随着音乐跳起来,唱了起来,陶醉在这诗一般的境界里。

104. 太平谷的午夜

午夜的时候,浓雾弥漫着整个太平谷。从渡海轮远远望去,一切景物好像隔着一轻纱,若隐若现,山顶道的路灯像一串小灯笼,散发着黄色的光。矗立在四周的大厦,挂着闪闪烁烁的霓虹灯饰,活像无数的眼睛凝视着这充满寒意的港口。

105. 欢乐的夜晚

暮色降临,原野上燃起了熊熊的篝火,悠悠的芦笙吹响了,男女老少手挽着手,踏着欢快的舞步围着篝火跳起了锅庄舞。深蓝色的天幕上，亮晶晶的星星，眨着羡慕的眼睛好奇地看着这欢乐的情景。我站在一旁看着看着，好像魔力牵引着我，把我卷入舞蹈的人群中，我情不自禁地踏着锅庄舞的舞步，翩翩起舞，沉浸在欢乐的幸福里。

106. 广场之夜

夜幕降临，我漫步在南昌"八一"广场。顿时，我感到浑身的血液都沸腾起来了，啊，多么绚丽多姿的广场之夜！广场上的灯一盏挨一盏，发出了夺目的光。绿灯像一颗颗绿宝石，黄灯像一粒粒金豆豆，白灯像一串串晶莹透亮的小珍珠……所有的彩灯连成一条巨龙，盘旋在广场夜空，和空中闪烁的星星连在一起。星星和灯交相辉映，把广场照得通亮，如同白昼，谁也分不清哪是灯城，哪是星空。我想，大概星星也留恋这美好的人间，搬到这里来安家了吧！我仿佛化作一盏灯，融入灯城的海洋之中。

107. 山城夜色

我们爬上山顶时，已是薄暮时分了。晚饭之后，便结伴到天街上去漫游。我们抬头仰观，那天空中的景色，便立刻使我们震惊了。只见满天星斗，挂在头顶，离我们是那样近，擦首触面，仿佛伸手就可以采撷到。那星儿，晶亮晶亮的，有的银白，有的金黄，有的火红，有的则呈橙色。它们虽然有大有小，有的群居，有的散处，但都尽量地闪光呈彩，努力地把自己的光辉洒向四方。那光忽长忽短，忽聚忽散，忽明忽灭，给人一种瞬息万变，不可捉摸的感觉。我们静观着，脑海里浮现出许多优美的比喻来。一会儿觉得它是大地上盛开的繁花，一会儿又觉得它是高空中悬挂的华灯；时而感到它像夜幕上嵌缀的珠宝，时而又感到它像海岸边散置的彩贝……啊，多美的天庭哟！

我们低首俯视，那山下的夜景更使我们惊愕了。但见地面一片光明，金闪银耀，无比辉煌。那阑珊的灯火把这座山城打扮得珠光宝气，水晶一般的明丽。如果把山城比作一个妙龄的女子，那么，崇楼上五彩缤纷的霓虹灯，就是她面部精美的鬓花了；环城公路上波光闪耀的奶子灯，就是她颈上明亮的项圈；而那撒落在城周桔色的灯，可不就是她裙裾上灿黄的金边子么……啊，多么美丽的人间哟！

我们俯察仰视，那夜色中的寰宇简直使我们惊呆了。不知是鬼使，还是神差，那天上的星儿，这时仿佛都着了魔似的，一下子都跌落到地面上了。那地上的灯，此刻也都像神化了一般，霎时间都飞腾到天上面去了，星儿灯儿，交相辉映；苍穹地域，浑为一体，使人分不开上下，辨不清东西，根本无法认出哪是天上，哪是人间，只仿佛置身于一个巨大的旋着的圆球内，到处是光，满眼是彩。那光，那彩，都箭儿一般，一齐向你射来，使你眼花缭乱，头晕目眩。这时，偶尔闪现思想的火花，也是断断续续的，转眼即逝的，你只能不思不动，口中反复吐些最简单的字句：啊，辉煌的宇宙，辉煌的人间。

108. 月夜

恬静、安详的明月不知何时飘上天际。那月儿，在浩浩的天宇，披着白纱，如同一位仙女，举止优雅。怪不得李白要举杯邀明月呢！

我伸手抚摩那婆娑的大树。树望着夜里的人间，是何心情呢？寂静的夜偶尔被几声鸟啼搅动。

109. 秋风

接连几天，雨不断地下，秋是更加深了。风瑟瑟地挟着不少的寒凉，由江面阵阵袭上岸来，吹落一些还没有十分枯黄的树叶，给沉寂的旷野的江岸增加了许多凄凉的景象。

江上似乎空旷了些，沙滩尤其显得荒凉。江水涨了，被雨水浇打的野草露出梢头在水面摇曳，可怜地挣扎着，有的终于陷落在泥地里去了。

110. 多变的风

这风，是多变的风，是顽皮的不愿安静一刻的小精灵。这透明的、清凉的物儿，难以捕捉，哪能感觉得到它的存在、它的力量、它的顽皮的物儿。它是那般柔软，有时如温存的抚摸；它有时那般强硬，似要摧毁一切。它时而及其温柔，尽心尽力帮助人类发电，抽水排灌，驱散炎热，带来清凉；时而又那么残酷，摧毁房屋，冲垮堤坝，掀翻船只……它是那样的像水，到处流浪，随物赋形，但它毕竟不同于水，它比水更活跃，更自由。

风，安静的时候，娴静、温柔，"吹面不寒杨柳风"。它，轻盈地走过草地，拂过湖面，掠过山坡，把那带着新绿的树"咯吱"地左右摇晃，给那平静的湖面上刻上一道道皱纹。一切都沉浸在恬静的气氛中，好似一支轻柔舒缓的钢琴独奏曲。

风，兴奋的时候，热烈、奔放，"天不拘兮地不羁"。它，翻腾着，卷起黄沙，带着漩涡，打着呼哨，摇撼着大树，肆无忌惮地穿行于街巷，甚至跑到烟囱上，把那白的黑的烟在空中拖成一条条长长的飞龙，又把那飞龙冲击得无影无踪。一切的一切都沸腾了，好似令人兴奋的狂欢节已来了。

"风是由高压区流向低压区的气流。"地理老师讲道，文学家写道："风是能把我们送到任何地方的神力。"而我要说："风是充满活力的旺盛的生命力。"它的多变，它的好动，它的宁静，它的轻柔，它的热情，它的有力，它的打破萎靡阴郁的气势，是何等动人心魄。即使在"歇一时息"的时候，你也能从它那儿领悟到不懈的生命力。

哦，我看到了，看到了我所偏爱的风，充满青春活力蓬勃生机的风。

111. 东北风

天气阴沉，满天是厚厚的、低低的、灰黄色的浊云。巍峨挺秀的秦岭消没在浊雾里，田堰层迭的南山，模糊了；美丽如锦的渭河平原也骤然变得丑陋而苍老。

东北风呜呜地叫着。枯草落叶满天飞扬，黄尘蒙蒙，混沌一片，简直分辨不出何处是天，何处是地了。就是骄傲的老鹰，也不敢在这样的天气里，试试它的翅膀。

风里还夹着潮湿的海洋上的气息，这是大雪的预兆。

112. 原野冷风

原野上吹来一阵冷风。树林里一片漆黑，绝无树叶触擦的声音，也绝无夏夜的那种半明半暗的清光。高大的权桠狰狞张舞，枯萎丛杂的矮树在林隙地上瑟瑟作声，长大的野草在寒风中鳗鲡似地蠕蠕游动，綦莽屈曲招展，犹如伸出了长臂，张爪攫人。一团团的干草在风中急走，好像有大祸将至，仓皇逃窜。四面八方全是凄凉寥廓的旷地。

113. 寒风

那里的风，差不多日日都有，呼呼作响，好像虎啸。屋宇虽系建，构造却极粗率，风从门窗隙缝中来，分外尖削。把门缝窗隙厚厚地用纸糊了，椽缝中却仍有透入，风刮得厉害的时候，天未黑就把大门关，全家吃毕夜饭即睡入被窝里，静听寒风的怒号，湖水的澎湃。

114. 风暴

早先气象台发出的天气预报是下午八点将有七级风。

这时候，黑云弥漫，只被闪电的火光将它烧红，照见阴暗的水波在跳跃。

没有到七点，风暴提前了一小时多，再次袭来。而且风力迅速由七级、八级、九级到九级以上。风暴出乎意料之外的凶恶，吹得大地上一个行人也没有了。长江的浪涛，飞腾到空中。

狂风在江上飞舞，追逐着，寻找着它可以欺凌的牺牲品。

115. 龙卷风

四月二十二日，天气闷热。中午，乌云突然布满了天空。一阵大风过后，黑压压的乌云滚滚而来。云层十分低，好像伸出手来就能摸得着。风越来越大，大树在风中左右摇曳，小树被压得不能再低了，麦子几乎俯伏到地面。远处垃圾堆上的纸屑都被风卷得漫天飞舞。路上骑车的行人像蜗牛似的艰难前进，风竭力挡住行人前进的脚步。

远方的天空忽然吐出了一片十分耀眼的光，接着那"轰隆隆"的雷声滚滚而来。随后下起了大雨，粗大的雨点如苞米子一样，从天上撒了下来，同时掺杂着蚕豆大的冰雹，打在玻璃窗上作响，外面迷蒙一片。风夹着大雨和冰雹向我们袭来，我们见形势不妙，赶紧往教室里跑。一些反应稍迟的同学，刚跑到教室门口，一阵强劲的风，把他们都顶了回去，被逼到楼梯口里。肆虐的狂风暴雨、冰雹不断地袭击他们。在老师的沉着指挥下，他们才艰难地回到教室。一个紧闭的窗户竟被风推开，我还没有反应过来，便听到"砰"的一声，玻璃被撞得粉碎，紧接着"嘭"的又一声巨响，门好像被巨人用力推开，猛撞在墙上，翻窗上的玻璃，同时被风推落。那些胆小的女同学，捂着耳朵、抱着头、蜷缩在墙角惊叫着。有几个胆大的男同学赶紧顶住门。

半个多小时后，风停了，雨住了，我走在回家的路上，发现田里的油菜、蚕豆、麦子等农作物的叶子有的满是洞洞，有的豁了，碎了，还有的被打落了，地上像铺上了一层绿色的薄地毯，受灾的农民连声叹气。有一家农户的草房塌了一半，房梁横七竖八，草撒了一地。好几家屋上的瓦被风卷走了，房顶上只剩下空荡荡的一片。还有的楼房的阳台本来是封得十分好看的，可是被风一糟蹋，玻璃碎了，铝合金框被扭断，有的则不见踪影，主人正伤心流泪。

这场龙卷风给当地居民带来的损失真大啊！人类什么时候才能控制龙卷风呢？

116. 春风

寒冷的冬天过去了。和煦的春风吹遍了原野上的每一个角落，灿烂的阳光照耀在大地上，唤醒了大地的万物，给世界带来了无穷的希望。

117. 西北风

呜呜的西北风，像来了许多大老虎，从上午就叫起来，向东南奔跑。嘿！瞧这阵势，要把地抓翻，把天掀掉。厚厚的乌云，像老天气青了脸，把密密麻麻的大雪片撒下来，向风身上扔着。风不怕它，使劲地把雪片卷起来，舞弄玩耍，统统甩到草原上了。

118. 轻风

轻风有时吹动了，有时又静息了；当轻风拂面时，四周一切都愉快地笑了，摇摆，荡动。凤尾草那柔软的尖端袅娜地摇动，——正想享受这风……但它忽然又停下来，一切又变得静止了。只有蟋蟀那干枯的声音使人困乏。

119. 秋雨

灰蒙蒙的天空，飘洒着细柔柔的雨，叩醒了九月季节里那一株寒意，于是寒蝉不再哭泣；尤如利、木麻黄皆缀上了晶莹的雨珠，祭悼它的衰老。

秋，踩着满径的落叶而来，也带来了蒙蒙细雨。

苍穹的雨，一丝一丝地飘着，像满天飞舞的细沙，为大地绿物，带来一份希望，滋润在叶梢，也为河塘的水鸭带来一股愉悦的情趣，觅寻着秋的奥秘。

走在田野道上，覃状的伞，一支一支地撑起，似荷叶撑起圆滑的雨珠那般的安逸。灰蒙蒙的天际，望不远的景物，被盈耳的雨声呼唤成朦胧的画。

走在雨中，雨珠在伞上滑动、滴下。何时雨止？秋风并未捎来消息。

120. 迟到的雨

时候已经是七月中旬，天气依旧很闷热。天上布满破旧棉絮似的，雷声一响，二十多天没下的雨，像是喘着气没命地飞赶来的，打得遍地冒起灰白色的尘烟。——但是已经太迟了，连阡累陌的田禾，有的是呈现老绿色，矮矮地拥挤在干裂的土壤上面，像初春的麦苗；有的虽也结了稻，但只是一些灰白的壳子，干瘪得令人不忍再看第二眼；有的是早变成焦枯萎黄的槁草，挺直着头和腰，在微风中轻飘飘地摇摆着了！

121. 夜雨

夜雨，又沥沥浙浙地下起来了。开始是在屋顶上沙沙作响，清新的雨味夹杂着山上松枝的芳香，向着屋子里飘送着。接着，檐前滴水了，它是那么均匀而有节奏地滴在台阶上。一阵闷热之后，天上忽然雷电交加，一道道雪亮的闪电，一阵阵隆隆的雷声，接着是瓢泼的大雨，向山峰、向树林、向这座大庙倾泻着。一座座山峰突然像披上几十条飘带一样，挂上了奔泻的雪白瀑布。整个大地都像在战颤着，喘息着，在暴风雨中，它呈现着从来不曾有过的壮丽奇景。

122. 冬雨

正是冬天的下午。下雨了，天显得灰蒙蒙的，好像天就要黑了。空气里透着一股刺骨的寒意，刚亮起的路灯看上去暗淡得很。对过房子的灯火也是一片暗淡，朦朦胧胧的，大有惋惜之意。

123. 小雨

林子里很静。

大雨过后，树叶比平时更加新绿，快熟了的苹果和山楂，亮光光红嫣嫣地显得非常可爱。带着雨水珠的树叶，在清晨的微风中，一阵摇晃，水珠就像一阵骤雨似的落在松软的沙土上。

阴沉的低空，落着灰蒙蒙的小雨，淅淅沥沥，檐头的水滴，有规律地滴着，一声声打破了山村的寂静。一股潮湿的风，习习地在院子里吹着，像一个无家可归的浪子，到处打着人家的窗户和门。天气很冷。

124. 夏雨

在细雨如注的夏天，竹蓬根部，像比赛似的从土里冒出一支支尖嘴灰黄的竹笋。它们贪婪地吮吸着雨水，像胖胖的小娃，又像待发的炮弹，伴随着雨声欢快地向上窜。长高了一点的竹笋，还裹着层黄黄的带刺的衣服。雨过天晴，水珠滴在竹笋的叶子上，一闪一闪地似乎在像大家眨眼睛，这时娇嫩的叶子直着身子，尽情地享受阳光的爱抚。慢慢地，竹子脱去了妈妈缝制的旧装，长出细嫩的枝条，舒心地打扮自己。冬天来了，嫩绿的竹子已经长成枝繁叶茂、可以抵御严寒的翠竹了。

125. 细细的春雨

当严冬拖着它已感到疲乏无力的身子向北退去时，微微的春风和丝丝的春雨，也就悄悄地来到了人间。它催促大地苏醒，它给人们带来欢悦。每当此时，我最喜欢来到窗前观赏细细春雨织成的美丽春景。

看，那薄纱似的细雨像烟雾一样笼罩着大地，使大地呈现出如诗如画的景象。远处浅蓝色的湖水被细雨笼罩着，像冒着一层一层的白烟；碧绿琉璃瓦顶的亭子被细雨笼罩着，像天上的琼楼玉宇一般。湖边的柳树被细雨笼罩着，在微风中轻轻摆动，像一群身穿纱裙的仙女在为春天的到来而载歌载舞。被细雨笼罩的嫩绿的小草也不甘示弱，抖抖身子钻出地面，迎接严冬过后的春雨。呀，多美啊！这山，这水，这草，这树构成了只有春雨才能描绘出的绚丽景色！

我喜欢春雨，尤其欣赏它悄悄地滋润大地温暖人间的默不作声的奉献精神。

126. 哈尔滨的雨天

我从车站出来，就在人行道上跑起来。雨天的哈尔滨还挺美的，马路两旁的树、街心花园的花，被雨水一浇，水水灵灵的；柏油马路被雨水这么一冲洗呀，像面大镜子。高楼大厦呀，来回奔驰的汽车呀，穿着彩色塑料雨衣的行人呀……全照在里边去了，眼前又多出了一个美丽的世界。

127. 校园雨景

已经连续几天下了毛毛雨，今天也不例外。天空阴沉沉的，没一点放晴的意思。

上午天空中零星地飞过几颗雨珠，就又恢复了那副不阴不阳的的样子。午自习后，又飘起了如牛毛般轻软的毛毛雨，打在脸上痒痒的、凉凉的，让人有种沾衣欲湿的感觉。不一会儿，雨丝渐渐变粗，由细牛毛变成了亮亮的银丝，飞快地、斜斜地倾洒在大地上，就像勤劳的织女姐姐在忙着赶织过冬的棉衣。我想，用这么亮丽轻柔的材料织出来的衣裳一定又华美又大方，可就是不知道它会不会很凉。

上第一节课时，雨下大了，雨珠成串地"啪啪"地打在院子里，落在积水洼里溅起了一个个慌张的同心圆，忙不迭地向四周逃逸。这时在屋檐上有水珠断断续续地落下来，一颗颗白白亮亮，像是有人在从房上往下倒珍珠，瞧着让人怪眼馋的。渐渐地水珠越来越密，最后简直变成了一道又粗又长的珍珠线"哗哗"地落下来，在我们的房前挂起一道晶莹的水帘。慢慢地，雨小了，天色也渐渐地明朗了一些。在经过一番慷慨激昂之后，老天爷又重开始了那份老北京的诉说。

128. 暴风雨

7月28号那天下午，我正在家里写作业。忽然，满天的乌云黑沉沉地压下来，树上的叶子一动也不动，蝉一声也不叫，暴风雨要来了。不一会儿"哗，哗，哗"下起雨来了。

白白的雨幕代替了黑黑的云幕。"嗒、嗒、嗒、嗒"，豆大的雨点敲打着马路的路面，敲打着玻璃，发出"叭叭"的响声，溅起白蒙蒙的水雾。一丝清凉的湿润的空气使人感到格外的舒服。"啊，多么清凉！……"

雨越下越大，紧接着，暴风雨来了，刮起一阵阵的狂风，把花园里的花草、树木刮得东摇西摆。往窗外望去，树啊，房子啊，都看不清了。狂风把路旁的柳树刮得七倒八歪，对面楼房犄角的雨被狂风刮得一会儿往东淌，一会儿往西淌。雨下得真大，楼顶上的排水管都承受不了那么多的雨了，雨水顺着房檐往下流，好像一道美丽的瀑布。

低头看，雨水流到地面了，水越积越多，汇合成一条条小溪，流向排水沟。这时，排水沟已经容纳不了那么多的雨水了，它的旁边已经积了深深的雨水。

渐渐地，渐渐地，雨停了，天亮起来了，这一场暴风雨，把整个天地都洗刷一新。打开窗户，清新的空气迎面扑来，使人感到很凉爽。

这真是一场及时雨啊！

129. 碧潭雨景

路上，人很少，两旁的竹林静静地立于小雨中，吮吸着雨水的竹叶，青翠而又明丽。踏着一路泥泞，我轻轻做着深呼吸，只觉得一种雨后泥土和植物的清香正充溢我心，并慢慢向全身扩散，令我心旷神怡。小雨拂过脸庞，凉凉的，柔柔的，谁说只有春风才像母亲的手一般轻柔？这小雨轻拂，不也恰似母亲疼爱的抚摸吗？绕过两座小山，远远看到潭的大坝，长满茵茵绿草，像一块绿色的壁毯挂在两座远山之间。季节的脚步真是挡不住，才进初秋，山上已有草木发黄，点缀其间，把大坝映衬得更幽绿。加快脚步，一口气冲上大坝，汪汪一碧的潭水，便呈现在眼前了。

碧潭其实是被人们叫做沙河的一个水潭，我曾细细品味这个名字，觉得没有可能和河水联系起来，于是自己起了个"碧潭"这个名字。只因为潭水碧绿清澈，如空灵的宝石；还因为站在坝上远望，远的山，近的水，除了青翠还是青翠。尤其是在这"轻烟漠漠雨冥冥"之时，叫碧潭再贴切不过了，你以为对吗？

细雨还在空中飘洒，落在水面上只细细地、不很明显地溅起丝丝涟漪，山的身影模糊得似乎没有，但确实存在的微波之上。青山有灵，是可以尽情欣赏自己雄姿的。碧潭清亮的水面俨如一面明镜，里面可以看到云朵追逐的倩影、天空小鸟忙碌的身躯，还可以看到环绕群山丝带般的轻雾。

现在这一切似乎都被小雨的手搅乱了，分外明朗的倒是那些流动的色彩：秋叶的金典、野花的斑斓、泥土的绛红、青松的翠绿，还有堆在天空中云朵的灰白。就是高超的画家也调不出这么多种的自然色呀！如挹之入画，又将如何呢？

正想得入迷，一阵风吹过来，水面上泛起粼粼波光，像少女唇边漾起的笑纹，明朗又略带羞涩。

渐渐地，我头上滴下了水珠，一丝凉意从脚下慢慢升起。岸边小草上晶莹的水珠一闪，使我确实感到了这份清寒，不禁微微一颤。摸摸头发，湿淋淋的，不想心中倒升起一种新的感觉，对着这绿水与秋山，我也成了他们中的一员——一棵小草或是一朵小花。记得有位名人说过："人本来是自然的一部分，只是人在无意识中把自己排除在外了。"在这一刻，我终于体会到了这一点。

雨不觉停了，水面渐渐平静下来，但马上又有一些水蜥用长脚在水面上划动起来。偶尔，一条小鱼跃出水面，呼吸雨后的新空气。鱼鳞闪闪，竟引得不知刚才躲在哪里的一只翠鸟飞快地扑了过来，可惜晚了一步，鱼儿"倏"地隐没在一个波圈里，无影无踪。翠鸟悻悻地叫了几声，飞走了。山谷里飘出几缕白雾，像捉摸不透的音符，隐隐约约。

蟋蟀不知何时又开始弹起了琴弦，它告诉我，接下来的时间，碧潭四周的一切小生灵——野花要开，小草要长，秋虫要吟唱，而我，该离开了。

路上，我像含着一颗话梅，静静地品味着心中平静安详的一份喜悦，心里说："世界，真美！生活，真美！"

我知道心里已装进了整个碧潭，融入了那份绿，今夜梦里必定是大潭边与蟋蟀同唱，与小花共舞。

130. 夏日的第一场雨

书桌前坐久了，不免有些疲倦。随手打开窗子，一股清风吹了进来。啊，好凉爽哟！探头向外看时，地上已是湿润润的了。天空中，细细小雨密密地斜织着。噢，久违了，夏日里的第一场小雨。

离开书桌，漫步雨中，小雨淅淅沥沥下个不停，倒像一位羞羞怯怯的少女。我感到十分凉爽。院中的小树，叶子更绿更亮了。清风中，沾在叶子上的雨水，不时地滴落。啊，第一场夏雨，一个多么清凉的世界！

面临大考迫近，我不得不整日奔忙于书山学海之中，常感到忧烦、急躁，可自我又不能解脱出来。而天气又是那么燥热袭人，这样倒使我那闲雅之情也置之度外了。但只有在这夏天的第一场雨中，我才找到了自我抚慰的东西。

走到雨中，任小雨淋在我头上、身上。雨比先前更清凉了，雨中之景真迷人，我惊叹着。

在雨中，我忘记了自我，大口大口地呼吸着空气，尽情享受这属于我的自由与欢乐。

小雨仍淅沥地下个不停。我的头上、身上都沾满了雨水，但我依然不肯离去。在这夏天的第一场雨里，我徘徊着。

131. 黎明时的云

一道夹带蓝色的红色光线抚摸着云朵，云朵的边缘上泛出光亮。千万支火箭射向天际，越射越远，越射越高，越过黑暗的大地，照亮广阔的地面，它们相逢了，交叉了，展开了，又跑掉了，最后汇合在一起，形成大片大片的火焰，把碧蓝的大地染成光辉灿烂的金色。红的，蓝的，紫的，金黄的。老天爷——黎明终于到来！

132. 千姿百态的云

在每天的不同时间，云的景象也是千姿百态的。

清晨，太阳升起来了，但乌云像一床厚被子似的遮住了它，太阳只好给乌云镶上了一条闪亮的金边，好像在告诉我们它在那儿；有时云层不厚，阳光透过云层的缝隙直射下来，像千万把闪着金光的长剑，云也因为借了太阳的光变成玫瑰色，艳丽极了。

傍晚，太阳落山了，但它的光染红了半边天，似火的晚霞仿佛要把整个世界熔化。这时，老人们看见了，会笑眯眯地说："明天又是个大晴天。"小孩子们看见了，会欢叫起来："火烧云喽！火烧云喽！"

在晴朗的夜晚，小星星眨着顽皮的眼睛出现了。天空中只有几丝云在慢慢移动，它就像丝带一样把小星星遮得时隐时现，看上去好像在和人捉迷藏呢。

133. 铅色乌云

有些是混浊的铅色乌云，投下那么悲哀沉重的影子。云动得很慢，时而混在一起，时而互相追逐，色彩混杂，形影交错，互相吞吃着，又换成新样子，庄严、愁戚。

134. 浮云

拿着几片红叶，我踌躇于林丛中不忍离去，不时从枝叶掩映间，看看天，看看那一朵朵浮云。我看浮云在天空游荡，轻轻地舒展，缓缓地移动，那么悠然自在。有时两朵云刚结在一起，忽然一阵天风吹来，硬把她们隔开，霎时你在东我在西，而离程是越来越远了。我想问天风：你为什么要隔散浮云？天风没理我。我再问浮云：你们分散了，还会重逢吗？浮云默然，也没表示什么。但我相信：纵使世事真变幻莫测，只要不失掉自己，你们的重逢终必有日。那时不必悲伤，也不必欢喜，但愿彼此都认得那是原来的云，也就够了。

夏天的早晨，天空，飘飘悠悠，像一层薄纱，这是浮云。它随风起舞，悠然自得，好逍遥啊！中午，好多云块，互相追逐、嬉戏，显得活泼可爱，为浩瀚无际的天空增添了生机和活力。

夕阳西下时，那云更是一大奇观。它像一个魔术师在耍弄多棱镜、万花筒，时如黄绒绒的小兔，时如张牙舞爪的蛟龙，时如长啸的骏马，时如五彩缤纷的孔雀……然而，它变得太快了，令人眼花缭乱，无法细细欣赏。如果你有一架高级摄影机，将这些景全部拍照下来，那该多好啊！

要下雨了，随着隐隐的雷声，乌云涌来了。不一会儿，乌云越来越浓，最后竟像怒吼的风暴，席卷长空，似乎那些将倾注的不是大雨，而是浓浓的墨汁，可怕极了。有时，也不可怕，只见那乌云的边浅黑浅黑的，像渲染的中国画一样，有明有暗，有浓有淡，在向无尽的天际浸润，显露出了几分魅力。

云，变化无穷，神秘莫测，美不胜收。

135. 白云

玩得疲乏了，我们便在地上坐下来、卧下来，观看那晴空里的白云。白云确有使人欣赏的价值，一团一团地如棉花，一卷一卷地如波涛，山一般地拥在那儿，野兽一般地站在这边，万千状态，无奇不有。这是一幅最神秘最美丽最复杂的画片，只有睁开我们心灵的眼睛来，才能看出其间的意义和幽妙。

136. 黄山的云海

黄山的云海更好看。置身于北海观景台，眼前是一片浩瀚的云海。白云在山谷里翻滚涌动，就像大海的波浪一样。一座座山峰被云雾环绕着，像海里的孤岛一般，使人有进入梦境之感。

黄山的松、石、云绝不是孤立的，它们互为依托，相映成趣。瞧，在山谷中，一块笔直的巨石冲出茫茫云雾，尖尖的顶部就像一支饱蘸墨汁，倒立着的毛笔。令人惊叹不已的是在笔尖上长着一棵松树，远远看去，仿佛一朵盛开的莲花。怪不得人们称之为"梦笔生花"，真是名副其实呀！

奇松、怪石、云海，构成了一幅幅不是画卷，胜似画卷的天然国画，使我舍不得离去。我多么想化成一棵松、一块石、一片云，永远留在黄山上。

137. 彩云

蓦地，天色一暗——太阳光被云朵遮住了，它透过云层射出一道桔色的光热。云带着玫瑰的青莲色，山和树木染上了桔红。摇曳在微风中的枝枝叶叶，全带着一丝悠然宁静的飘逸气质。一些云在山腰中浮动，忽来忽去，忽聚忽散，忽隐忽现，如同出自魔术师捉摸不定的戏法一般。

138. 庐山的云

早起推开窗户，几朵白云悄悄地飞进屋来，简直可以在室内捉云为戏。

庐山的云，飘忽不定，起自何方，落于何方？

站在含鄱口的悬岩上，眺望鄱阳湖。刚看到茫茫湖水，转眼间云起湖灭。云，起自湖上，前簇后拥，推上山来，直飞到一千二百米高的含鄱口悬崖上，在人的身前身后涌来退去，飘飘荡荡。人行云中，好像蒙上一层纱幕的舞台，看不真切舞蹈者。自然界也如艺术家一样，善于以云、纱幕表现若明若暗的梦境。

云，有时来自山外的湖上，有时起自半山的石缝中、杉林下。团团絮云，慢慢向半山空旷处涌聚，缓缓流动。从一万米高空的飞机上看云，云在机翼下，如冰山一样庄严肃立。茫茫云海是静止的，凝固的，颜色惨白，像万古荒原，有种恐怖感。站在五老峰上看半山起云，云在山腰间是流动的，显得轻巧活泼；但又朦朦胧胧，不知云深云浅，不知云厚云薄。

有时云自剪刀峡升起，漫越天街山城，再下东谷。白茫茫，如瀑布般铺天盖地顺谷泻下。瀑布云泻至前山，再从山腰翻卷升腾，灰云凝聚而为黑云，慢慢地变为雨。

139. 秋天的云

俗话说："二八月看巧云"。这天，我和妈妈登上景山公园的万春亭，凭栏而立，抬头仰望。只见蓝蓝的天空一望无际，一朵朵白云在空中徐徐移动。

白云的姿态变化万千。不信，你看天边，那片云仿佛是一群在草原上放牧的"羊"。咦，它们怎么不跑呢？哦，它们正在吃草呢。"羊"群动了，被牧羊人赶着动了，越走越远。云变了，变了，变成了一簇簇、一缕缕的"棉絮"了。

那块云像什么？哦，像在疾速奔驰的马群，它们又到哪去？干嘛跑得那样急？地上的灰尘都让它们给"扬"起来了。明白了，原来它们是大自然的骄子，追求着自由和奔放。

看，这边的云像什么呢？这不正像汹涌澎湃的"大海"吗？突然，"一石激起千层浪"，海浪翻滚，卷起一个"巨浪"。

云又变了，变了，这回好奇特，不像"羊群"，也不像"马队"，更不像"大海"。看清楚了，原来是条神话中的"龙"。只见这条"龙"的"龙须"高翘，身态弯曲，昂首挺胸，威风凛凛，真气派啊！

左边的天空还有这么多块小云呢。这朵朵白云犹如扬帆起航的轻舟，慢悠悠地向远方漂浮着……

秋天的天格外蓝，秋天的云万千姿态，无奇不有。我爱秋天的云。

140. 故乡的云

故乡的云真美啊！夏日，在碧绿的苍山腰间，准会出现一条乳白色的带状云，既像飘浮的轻纱，又像藏族的哈达，更像白族姑娘缠在腰间的围巾。这就是远近闻名的"玉带云"。到大理来的游客，免不了要去欣赏一番它的姿色。为了方便游客，家乡还专门修了一条"玉带路"。坐着车子沿玉带路在海拔200多米高的山腰缓缓而行，一路烟雾迷蒙，就像到了仙境一般。

故乡的云真奇啊！秋冬时节，高高耸立在苍山玉局峰上空，一团白色的云，在绚丽的阳光照射下，闪着亮晶晶的光，十分耀眼。不一会儿，那片白云向着碧蓝的天空横铺开来，变成了灰白色。细细地看，这片灰白色的云竟像一个美女的身影，云片是她的衣裳，云丝是她的头发，小云团是她的眼睛。

141. 火烧云

一天傍晚，太阳就要落山。这时的太阳是红红的，又圆又大，光线也不那么强了，真惹人喜爱。太阳的周围出现了一片片火烧云，它们有的像老鹰，有的像天鹅，有的像烈马，有的像雄鸡，它们比太阳还要红，在蓝天的映衬下，是那么美丽。

142. 红霞

我正伏案自习，终于完成了一个繁复的演算，不经意地抬头，突然发现墙上的窗格里轻漾着一汪绯红。半边天遍是火烧云！

一道道红霞横扫天际，那样刚毅，那样犀利，像横着一根根火红的冰棱！乍一看如火，但没有火的烈焰，只是将热情和狂啸蕴积在冰棱里，甚至似乎很平静，像早已凝干一般；而细看又觉得轻波微漾，红涛静怒！渐渐地，深蕴的怒火趋于平息，冰棱开始融化了。

用一种不经意的目光再看残霞，突然发现了水乡的湖网——清纯的湖水是蓝天，红色的堤是一缕缕残霞。湖水清盈，蓝色的湖面清澈得能照人影；湖堤纵横，堤上还有农人踩出的沟沟坎坎。而远处的灰云如一脉烟雨蒙蒙的远山，依在这个田园风光的一旁，舒卷着苍茫，起伏着浩渺，似乎还有几株树影，那是轻落的乌云。

静静伫立在窗边，满心都被这壮美的景色融化了。

143. 晚霞

那是一个晴天的傍晚，我站在凉台上仰望天空，忽然在天边出现了一道红霞。红霞的范围慢慢扩大，一秒，两秒……顿时，红霞染红了西边的天空。

我聚精会神地望着，天空中出现了两朵洁白的云，可霎时间又被霞光染红了。啊！这两朵云，前一朵多像一只狡猾的狐狸，尾随在后的不正是凶恶的老虎吗？我望着天空中的造型，不由联想起《狐假虎威》这则寓言。我真觉得好笑，但不一会儿，它们都消失了。

在我眼前又呈现出一幅有趣的画面：一只活泼可爱的小兔子，正无忧无虑地吃草。它仿佛听到了什么声音，哦，原来在它身后站着一位高大的猎人。瞧！他手里拿着猎枪呢！小兔子竖起灵敏的长耳朵，迅速向前跑去，猎人在后面穷追不舍，眨眼间小兔子钻进浓密的云层不见了，猎人也不知哪里去了。

我看着看着，眼前模糊了。当我再次仰望天空时，只见天边"尘土飞扬"，无数匹被晚霞染红的烈马向前飞奔，随着云朵的移动，仿佛还听到了它们的马蹄声。眼前的这幅万马奔腾图太精彩了，即使天才画家也很难把它描绘出来。

那些被霞光染红的大树，仿佛穿着红色制服的卫士站在马路两旁，点缀着草坪的野花则像一团团红色的火焰……

一时恍恍惚惚，又什么也看不清了，晚霞是不会永留天空的，它收敛起最后的霞光，消失了。我呆呆地站在那里，久久不想离去，因为我已经被它深深吸引了。

144. 艳丽的朝霞

天亮了！东方天际露出鱼肚白的颜色。渐渐地，鱼肚白变成淡红色，好像人们喝了一点酒，脸上呈现出红晕一样。接着，它又由淡红变成深红，再由深红变成金黄的颜色。这时候，周围的白云仿佛涂上了缤纷的色彩。啊！多么艳丽的朝霞！

145. 千变万化的雾

雾，总是变化万千的，它每时每秒都在变幻着，像烟、像云、像纱，让人目不暇视，观后余味无穷。

早上起来，一出门，只见眼前白茫茫的一片，不见天，不见山，不见20米以外的房屋和人，似拉上了几层纱幕。它轻纱纱的，细腻腻的，轻拂着山、水、屋、树、人、草，与天与山与屋与地与水相连，浮来游去，似仙境，似迷宫，令人兴奋迷惑。一切都被乳白的雾裹着，紧紧地，使得整个世界都是白的。

不久，开始变化了。先是东边的雾缓缓地动着，时而冉冉升腾，时而慢慢下降，时而浮来飘去，时而轻轻飘散，时而毫光泛滥，扑朔迷离。它时聚时散，时消时凝，飘飘悠悠，好一幅轻闲之态。东边雾的变化，似乎别的方向的雾也被引得馋涎欲滴，眼红起来，不久也开始蠢蠢欲动，跟着摇摇晃晃了。你看它们飘飘晃晃，摆来摇去，仙袂飘飘，但又似动非动，似升似降，让人瞧了迷惑不解，到底是动呢，还是没动。不久，彻底地明白了，你看它翻滚不休，一会儿滚成了一个团；一会儿又消散开去，变成了一缕一缕的；一会儿又沉于大地。看着看着，手有些痒了，抓一把看看。一把抓去，收回手来，一看，咦，刚才还看着被抓进手里的雾，一摊手却无踪迹了。

怎么回事，刚才还在或浓或淡，亦远亦近，弥漫着天空和大地，像屏障似地遮住了天、山、屋、木、人的浓雾，这会儿怎么只剩下不多的淡淡的一层了？围在山上，挂在树上，环绕屋脊，卧在草丛之中。这薄薄的雾啊！如烟似梦，仙姿绰约，羽纱轻拂，情一样地深啊，梦一样地迷；缥缥纱纱的雾啊，你以山为体，山以你为衣，含蓄而不露，似玉镂银雕；你变幻万千，淡妆素裹，如烟似雾，似实又虚，令人捉摸不透，但又不愿弃你而归。

146. 朝雾

夜来一场大雪，早上太阳来得特别迟。朝雾从盆地上缓缓上升，半山变成白云，忽然裂开，亮出白皑皑的滋润丰富的雪帽，映着初秋和红日，鲜亮中总有一股逼人的寒气。

147. 蛇山的雾

到了桥上，我们居高临下，环顾四周，茫茫一片，江面上，除了奔腾而下的水声之外，别的什么也听不见了。偶尔有几艘浮萍似的轮船，在大雾里忽隐忽现，不知是在水上漂，还是在空中飞；江岸上，一切景物都影影绰绰，往日熟悉的那一栋栋高大的楼房，一座座耸立的工厂，一根根冒烟的烟囱，都被浓雾遮盖了；桥下，近处还依稀看得见马路、车辆、行人、树木；抬头望去，只见蛇山上空的太阳迷迷蒙蒙的，周围好像包着一团紫色的烟雾，真是"日照香炉生紫烟"啊！然而，这儿不是庐山的香炉峰，而是蛇山的上空。雾越来越浓，连刚才还看得见的紫色烟团也辨不清了，就是那平日光芒四射的太阳，这时竟像一个珠子似的悬在天空中⋯⋯

这样看来，雾是能阻挡人们的视线，能遮天盖地，能使太阳发出的光变得微弱的。但是，我发现，雾是不能阻挡人们工作的。你看，那缓缓向前的淡黄色灯光，就是载着人们奔向各自工作岗位的电车，就是载着各种货物奔向四面八方的卡车⋯⋯你听，那欢快嘹亮的马达声，就是正在演奏着的建设四化的进行曲⋯⋯

啊，雾！⋯⋯

148. 山顶上的雾

雾渐渐浓了，乳白色的雾从山顶汩汩地淌出，缓缓地漫下山坡，像谁抖开一件轻柔的衣衫，飘飘忽忽地披在东山的身上。山脚下的房屋变得模糊不清了，田野上笼着一层轻纱。什么都看不清了，那苍翠的坡，乌蓝的谷，五彩的山⋯⋯

我身处山脚，抬头仰望山顶屹立着的新建的电视塔，朦朦胧胧，只有塔顶上的那一盏红色的导航电灯依稀可辨。瞧那电视塔，宛然像一个顶天立地的大丈夫。

我慢慢爬向山顶。天地之间只有白茫茫的雾，灰蒙蒙的雾，湿漉漉的雾，凉丝丝的雾。电视塔渐渐明晰了，离山顶也不远了。那浓雾，抓一把，软绵绵；吸一口，甜津津；踩一脚，轻悠悠。它仿佛是《西游记》里的神云，我驾着它来到了山顶。

我摸摸头发，湿润润的；摸摸电视塔的银色塔身，凉冰冰的。雾从眼前飘过，睫毛上挂起了一层细细的珍珠；雾从耳边掠过，仿佛母亲低吟着一曲轻缓的催眠曲；雾在身旁沉浮，身子摇摇晃晃就像飘在九重云霄。而电视塔呢？它旋转着，像在跳舞哩！

雾重重地落下来，层层地压在我的头顶，我的双肩，我的胸前。

雾裹住了身子，裹住了心，也裹住了视线。宛如在梦中，到处都是一片虚幻和迷蒙，妖娆的云雾在半空中跳舞。满山坡到处是一群群温顺的小绵羊，偎依着，嬉戏着……

雾渐渐溶化，渐渐稀淡。山脚下，幽幽地飘来一阵清风，雾纱被卷起一角，露出湛蓝的天，蓝得刺眼。一切都被晨雾擦干净了，空气多么清爽。小草和花瓣上还凝着一粒粒雾珠，闪烁着太阳的光辉。特别是那巍峨高大的电视塔，闪着银白色的耀眼的光，更是精神了。

149. 莲花峰顶看雾

在过莲梗时，山里忽然漫起了沉浓的雾，那乳白的一片，像是覆盖在身上的绒绒细毯，软绵绵的，赶也赶不走。旁边的一位游客说："碰上雾天，到莲花顶峰观景，比平时壮观多了。"我似乎不相信，雾大还能看到啥景色呢？

当我们手扶铁链，踏上最后一级台阶时，雾更大了。漫山遍野的一片，人们只能看到不远的绰约的山影。我有些沮丧了，吃这么大苦，难道就看看这些？我坐下来，烦躁地望着眼前的雾：层层叠叠地堆在一起，嬉皮笑脸地跳跃不停，悠哉悠哉地做着游戏，汹涌滚滚地溅起白浪……抓一把，湿漉漉；踏一脚，软绵绵；吸一口，甜丝丝……我觉得我根本不是在黄山最高峰，而是被淹没在雾的海洋中。

没多久，雾慢慢地稀薄了。淡淡的，宛如无数条尼纶纱在眼前飘动。较高一点的山慢慢地露面了，石缝里仍有几缕贪玩的烟雾在嬉戏。"云以山为体，山以云为衣。"这话果真不错。

雾在渐渐下降，像一层厚厚的绒毛在半山腰飘浮。啊！这就是黄山驰名世界的绝景之一——云海。

站在莲花峰顶，俯瞰下界，巨壑万丈，深不可测，令人心惊胆战。

那云铺深壑，絮掩危岩，时而撞击群峰，时而穿梭峡谷，汪洋无际飘忽不定，真是"妙在非海，而确又似海"。那林立的群峰，冲破云海，像一座座岛屿，随云海翻滚而摇摇欲坠；又似一艘艘待发军舰，只要命令一下，就起锚远航。忽然，山风呼啸，云海发怒，转眼间波涛汹涌，雪浪排空。那茫茫烟雾时而像奔泻千里的急流，时而像倾注山谷的瀑布，时而像戏水的苍龙，时而像奔驰的牛羊。那阵阵松涛，像一个巨人在海底呐喊，似乎带领千军万马，要杀出海面。啊，"乱石穿空，惊涛拍岸，卷起千堆雪"。这气势磅礴汹涌翻滚的云海，把黄山点缀得瑰奇伟丽，恰似"灵霄蟾宫"。难怪郭老叹道："瞬息万变万万变，忽隐忽显，或浓或淡，胜似梦境之迷离。"

150. 峡谷雾

回到故乡，总忘不了童年时常趴在峭壁上看峡谷中飘忽不定的雾。

晨曦冲破黑黝黝的帷幕，我便在浓雾漫漫中寻找那永远不会在春天开放的花。走在曲折的山路上，时而得手脚并进。眼前林木迷茫，只听到谷底溪水清脆的歌声和看到源源飞升的晨雾。我的眼只能顾及脚下，怎么也不敢去欣赏那奇形怪石。

下到谷底，天渐渐亮多了，只是那晨雾仍未散去，轻纱般地罩在平静的水面上，而又似春蚕蠕动着雪白的身子，而后向上飘动，一层又一层。清清的水，粼粼的波光在晨雾中更有一种虚无缥缈的美。我踩着河墩，去看那小时总爱抚玩的"猪头"——其实不过是一块酷似猪头的石头，可那淘气的雾却偏偏又跟了来，很快我便迷失了方向。

151. 雨后彩虹

一场玻璃丝似的细雨刚刚飘过，洗得天空非常明净。许多云絮低低地降落，把几个最高的山巅笼罩起来，似乎给它们披上了几片白色的轻纱。一道艳丽的彩虹，趁人不留意的时候，悄悄地显现出来了，从河的那边弯到了这边的山后，给正在歌唱着的农民，抹上了一片新的色彩……

152. 一道彩虹

当我再抬头时，咄！分明的一道彩虹划破了蔚蓝的晚空。什么时候它出来，我不知道，但现在它像一座长桥，宛宛地从东面山顶的白房屋后面，跨到北面的一个较高的青翠的山峰上。呵，彩虹！古代希腊人说你是渡了麦丘里到冥国内索回春之女神，你是美丽希望的象征！

153. 完整的虹

这时候，一个奇丽的景色在我们面前呈现了：一道完整的虹，衬着天空和草原，从地面拱了起来。我说"完整"，因为我们可以清清楚楚地看到虹的两端跟地面衔接的地方。

不一会儿，风把云彩吹散了，雨自然也就停了下来。云彩又驯服地变成了白色，有的化成一棱棱，好像透视相上的肋骨；有的散成一座座岛屿，上面影影绰绰似乎还辨认得出一些苍松古柏；也有的吹成细长条，好像半透明的银鱼，在蓝空里逍遥自在地漂浮着。

154. 水库的冰

水库最神奇的是冬天结冰的时候。冬天一到，雪花一飘，水库就成了粉妆玉砌的世界。偌大的水库忽然间由万顷碧波变成了一面大镜子，冰面又光又滑。每到这时，我和小伙伴们一定来滑冰。他们有的侧着身子滑，有的转着圈滑。大家快乐极了。我穿着厚厚的衣服，笨拙得像一只"大狗熊"，刚上冰面就摔了一跤，惹得同学们哈哈大笑。真是有意思极了。

有时我们一起从冰上到岛上玩，冰上不时地响起"嗵，嗵"的冰裂声，叫人心惊胆颤，但小岛的神奇却吸引着我们前进。

155. 河里的冰

冬天，河里结了厚厚的冰，又平、又亮、又滑，像一面长长的镜子。早晨，河边那结满树挂的垂柳，好像老人的银胡须，好玩极了。风一吹，玉屑飘洒，落在脖子里凉凉的，舒服极了。我们天天来这里滑冰。伙伴们的滑冰用具品种繁多，土洋结合，有冰鞋，有自制冰车，还有木板下面装一个钢锯条的"风火轮"，滑起来快极了。河面上小伙伴们滑来滑去，像小燕子在天空中盘旋，又像蝴蝶上下翻飞，热闹非凡，仿佛春天提前来到了这里。

156. 冰城

这不是夏天，但却胜似夏天。难道你不觉得驾冰帆是很惬意的"划船"，滑冰是很舒适的"游泳"，打冰橇是勇敢者的"跳水"吗？冰城的人们在这里磨意志，练身体，把火一样的热情赋予着圣洁的冰与雪。

157. 破碎的冰

春天，到处充满了生机。冰雪融化，黑龙江上厚厚的冰层破碎了，又开始了它的长途旅行。冰排一个接一个地从上游被水冲到这里来，行驶的时候，多么像一支舰队在水面上航行啊！有时，它们又互相撞击在一起，发出"噼噼啪啪"的声音，像在不知疲倦地演奏一首美妙的乐曲。

158. 野外的冰花

树上结满了冰花，人家的门上结满了冰花。来到野外，啊！冰花无处不有：山坡上结满了冰花，路边的小草上结满了冰花，麦田里结满了冰花，水渠边结满了冰花……真是冰花的世界，冰花的海洋。各种各样的冰花，像艺术家用白玉精雕细刻的一般，玲珑剔透，有的像珊瑚，有的像玉兰，有的像白菌，有的像雪松，毛茸茸、亮晶晶。

159. 秋雪

我的家乡根河，是一座群山环绕的小镇，海拔一千多米，是全国一月份平均气温最低的地方（零下36°）。这里的秋天来的早，住得短，走得快，还没等你来得及领略秋的繁荣，雪便把它赶跑了。这不，家乡的第一场秋雪来了。

九月中旬的一天晚上，鹅毛般的雪片密密麻麻地充满整个天际。纷纷扬扬的大雪整整下了一夜。山川、森林、河流、花草、房屋……一夜之间，全都披上了一层厚厚的棉被。正是"黑狗身上白，白狗身上肿，井口大窟窿"。茫茫森海，银装素裹，变成了粉妆玉砌的世界。

你看那街道两旁的白杨树、松树，黄绿相间的枝叶上挂满了厚厚的雪，形成了奇特的树挂，有的毛茸茸，有的亮晶晶，有的蓬松松，有的沉甸甸。在阳光的照射下，光洁耀眼，千姿百态，分外妖娆。那艳丽的小花，黄绿的小草，还来不及躲藏，就被大雪掩埋了，偶尔露出了一张张红色的、绿色的、黄色的……冻僵了的小脸，在白雪的映衬下，显得那么醒目而新鲜。

160. 冬天的礼物

一年中，春季生机盎然，夏季烈日炎炎，秋季果实累累，冬季白雪皑皑。四季相比，我尤其喜欢冬季，因为冬姑娘在敲响人间大门时，会送给我们一份珍贵的礼物——雪。

一天清晨，推开窗户，啊！大地一片银白，是冬姑娘给沉睡的大地盖上了一层厚厚的棉被。我连忙跑出了门，来到了这银白的世界。大地被雪银装素裹起来了，树上、房上都罩上了积雪。雪还在簌簌地、纷纷扬扬地下着。这雪有鹅毛之大，有翡翠之光洁，有云烟之轻，有碧玉之润，有纯银之白……雪花时而像无数银蝶飞舞，时而像扯碎了的棉花。我不禁用手接了一片雪花，这雪花晶莹透明，巧夺天工。松树上积满了雪，就像一株株圣诞树；柳树条变得白晶晶、毛茸茸的，活像一根根银鞭。啊！远远望去，就好像"千树万树梨花开"，整个大地变成了粉妆玉砌的世界，构成了北方特有的雪景图。

161. 冰城之雪

啊！雪花有杨柳飞絮的轻柔，也有点点晨露的晶莹，还有丝丝秋雨的细密。雪花好像游遍世界的小伞兵，还像是可爱的蒲公英那带绒毛的种子，漫天飞舞。

那玉蝶似的雪花，在空中翩翩飞舞，不时变换着舞步，像个变脸的孩子叫人难以预测。她时而驾着狂风袭来，如飞沙走石一般，急驰

而过，仿佛谁也无法阻挡她；时而又如被扯碎的棉絮，轻轻飘洒，随着风姑娘轻柔的手，像个温顺的孩子，藏入大地母亲的怀抱。一朵朵轻飘飘的雪花缭绕在楼间，缭绕在大地，缭绕在我们周围。看着那一朵朵雪花飞舞飘落，迷迷蒙蒙的情景，我们仿佛步入了仙境。

快看啊！冰城变成了银镶的街，玉砌的城。路边的树木，不是冬梅，怎绽开了满树银光？高楼大厦，难道是冰雕雪塑，怎变成了琼楼玉宇？大地怎又如此洁白，如此平坦，变成了一块总也吃不完的大奶酪？百十根纵横交错的电线怎变成银色的琴弦？不，这是雪开的玩笑！她的目的已经达到，冰城已在她的白被下睡着了。

雪，覆盖了松花江面，江水结冻，奉献出制作冰雕的材料——坚冰。是雪使家乡成为著名的"冰城"。

雪，潇洒飘逸、晶莹纯洁，我爱你——冰城之雪！

162. 昆明之雪

昆明是个四季如春的城市，常年都有绿树鲜花，没有雪。

我多么盼望下雪啊！

有一年冬天，昆明终于下雪了。开始时雪粒很小，悄悄飘在地上就化了。渐渐的，雪下大了，小雪粒变成了大雪片，像数不清的白蝴蝶在飞舞。隔着窗子望去，远处的东西变模糊了，近处的楼房、大树上都落满了晶莹的白雪，绿色的草地不见了，像盖了一床厚厚的白棉被。

163. 小雪花

多美的小雪花啊！开始零零落落的，又小、又薄、又柔、又轻，就像那高贵的白天鹅轻轻抖动翅膀，一片片小小的羽毛，飘悠悠落下来。接着小雪花变大了，变厚了，变得密密麻麻，就像谁用力摇动天上的玉树琼花，那洁白无瑕的花瓣纷纷飞下来。后来，雪越下越大，小雪花们在半空中你拉着我，我抱着你，一团团、一簇簇，仿佛无数个扯碎的棉花球从空中翻滚而下。这时，整个世界都变得迷迷茫茫的，好像被大雾笼罩一样。我站在院子里，仰着头，任凭小雪花落在脸上，落在脖子里，软绵绵、冰丝丝，舒服极了。

小雪花可真是一位神奇的能工巧匠。你看，眨眼工夫，它就为大地妈妈做了一床又大、又厚、又软、又白的新棉被，轻轻盖在大地妈妈的身上。小雪花又是一位高明的画家。你瞧，它挥动手中洁白的画笔，画出一棵棵银树，画出一座座玉宫……画出一幅纯洁、高雅的巨大的画卷。

164. 大雪纷飞

天空阴沉沉的，低低的和山头接在一起。凛冽的西风摇撼着山野，像要把整个大地翻个个儿似的。鹅毛样雪片犹如大风卷起了棉花山，在山间翻滚着，劈头盖面地砸下来，树木变成了银枝玉叶，山峦、道路、河流、草丛……一片白茫茫的。

165. 山区雪景

朋友，你可能欣赏过山区的雪景，我也欣赏过山区的雪。当你一进入山区，先看到的是落光叶子的柳树上挂满了毛茸茸、亮晶晶的银条，而那些冬夏常青的松树上，则挂满了蓬松松、沉甸甸的雪球，一身银装。一阵寒风吹来，树枝轻轻地摇晃，美丽的银条和雪球簌簌地落下来，如玉似的雪末随风飘扬，在清晨的阳光照耀下，显出一道道五光十色的彩虹。

166. 校园雪景

下雪了。纷纷扬扬的雪花，漫天飞舞，不一会儿整个校园就变成了银色的世界，地面成了"地毯"，房上铺满了棉絮，那桐枝上开满了"梨花"，柏树上、竹枝上挂满了"雪球"和"银条"，远远望去，玉树琼枝、粉妆玉砌，充满了诗情画意。

167. 白霜

我沿着溪边的小径，朝村里走去。

我看见稻草垛上，凝结着白霜。

我看见池沼边的草地，凝结着白霜。

我看见村庄的木栅、篱笆上凝结着白霜。

我看见溪岸上的乌桕树上、梅树上，凝结着白霜。

月亮好像一枚冰冷的黄玫瑰。北斗好像几颗冰冷的宝石。我看见月光和星光把乌桕树和梅树的树枝，画出树影来，画在溪岸的草地上。

我受到深深的感动了。可真是的，我看见溪岸上的草地，凝结着白霜，好像一块无尽铺展的白色画布，上面画出了非常美丽的树影，好像墨色的树影、淡墨色的树影。

168. 寒霜

夜里有些冷，早晨起来，拉开门一看，嗬！下霜了。对面屋脊上

106

一片雪白，像下了一场小雪似的，院子里也白皑皑地铺上了一层寒霜。那棵枝叶婆娑的爬满了大半个院子的葡萄，肥大的叶子上，也布上了一层毛茸茸亮晶晶的霜花儿，使得那叶子骤然厚了许多。但是，风一吹，这顶着霜花的叶子，可就唰唰啦啦地飘落下来了。还有，院角里的那棵梧桐，从昨天夜里起，叶子就在唰唰啦啦地向下落，今天早晨落得更多了，院子里遍地都是带霜的黄叶。

169. 雪霜

有一天，早晨下着好大的"树挂"，我呵开窗上的冰凌花一望，天空灰蒙蒙地飘着雪粉，院里的树从根到梢挂上一层霜，就像开了一片白花花的梅花似的。这种天气，最冷了。早饭后，我围上一条白羊毛围巾，走上街去，想找几家熟悉的家庭访问当地情形。走不几步，嘴里呵的气沾到围巾上，结成白霜，眼睛叫风吹的直流泪，眼睫毛发硬，也冻了。

170. 秋霜的风格

在大街上走着的时候，我拾起一片枯黄的落叶，不经意地瞧着。哦！我兴奋了：这已失去生命的小小的树叶竟被秋霜点缀得重新有了神韵，细细的脉络被秋霜绘成了一幅多么精巧的图案，真是仙人彩绘、妙笔天成呀！再抬头一望湖岸上的垂柳，那干枯了的枝条上也附着一层厚厚的白霜，满树银花，别有一番情趣，难怪人们叫它"银花树挂"呢！

长大了。我对秋霜的爱也更深了，我不仅爱它的美丽精巧，更爱它的品格和风采。人们都说秋霜是冷酷的，说它扼杀生机勃勃的植物和昆虫。但我却以为秋霜是果断的，它冻死害虫，催落枯叶，是为了来年春天新的生命更繁荣地生长起来，从这点上看，秋霜不更像一位目光远大，运筹帷幄的大将吗？

秋霜的"姐妹"白雪，似乎更受人们的宠爱——温柔洁白、飘飘洒洒，而且婀娜多姿，但在我看来，与秋霜相比，在它身上充满了虚伪与欺骗！大雪飘落，把整个世界严严地盖住，使人们分不清美丑，看不出善恶，世界是一样的洁白，一样的美丽，连肮脏的垃圾也披上了纯洁的外衣。而秋霜却不！它是透明的，是龌龊不会变得洁净，是丑恶不会变得美丽，它就是它，永远不变。两种风格相比，你不觉得秋霜更可爱吗？

171. 重霜

第二天清晨，重霜涂白了路上的枯草和落叶，田里结了冰，屋顶上，草垛上，塘边南瓜棚子上，井上挑水跳板上，一片白茫茫。

172. 霜花

冬天清晨，家家窗玻璃上都会飞来洁白晶莹的小天使——霜花。

霜花，不需要人工培育，也不需要任何营养补给，也不怕严寒，不辞辛苦，越是严冬，越勇敢地降临人间，她是大自然美的结晶！

瞧，那霜花有的像远古时代植物的化石，有的像连绵起伏的山峰，有的像玉色的珊瑚树，有的像大海那翻涌的波涛，有的似浩渺的森林，有的似又矮又密的灌木丛……

173. 透明的露珠

清晨的田野，像是翠绿的海洋，庄稼迎着风，荡起绿色的波浪。苘麻圆大的叶子上，滚动着透明的露珠，迎着风滚到这边，把大叶子压得斜到这边；滚到那边，又把圆大的叶子压得倾斜到那边。露珠粘到叶毛上，不要担心它会溜下来。

174. 露珠

今天早晨，我起得很早。

太阳公公刚刚撩开他的面纱，我就跑出来呼吸新鲜空气。猛然间，我发现月季花滴着几颗小水珠，在阳光下闪闪发光。啊，是露珠！多么像晶莹的珍珠，一颗、两颗……

可是，当我吃过早饭，我又看了花园一眼，露珠呢？没了，一颗也没了。我很扫兴，但也满足了。因为我看到了露珠精神。露珠，它默默地消失了，再也看不见它了。可是它为禾苗滋润，自己却对禾苗一无所求。这不正象征着我们敬爱的老师吗？为了培育祖国的花朵，日日夜夜为了我们呕心沥血，忘我地操劳。

啊，我爱露珠。它比珍珠还要莹晶，比繁星还要灿烂，我要永远赞美它！

175. 草原露珠

早春的清晨，气候凉爽，露珠点点。天空没有一丝云彩。只有在浮现出太阳的火红曙光的东方，还拥集着黎明前的瓦灰色云块，这云块不断地淡下去，渐渐消失。整个无边无际的草原似乎洒遍了金黄色的微尘。钻石般的大颗露珠，在茂盛的青草上到处颤动，闪烁出五彩缤纷的光点。

176. 耀眼的电光

我正去关窗户，一阵雷响，突然一道耀眼的电光把天空和地面照得通亮。我清楚地看见对面山腰上的凉亭，甚至远处山顶上的铁三角架也清晰地看到了。雷声未停，又一道闪电，眼前宽阔的街道像一条白色的带子，展现在我的眼前，由于雨水的反射，放出耀眼的银光。

177. 响雷

太阳落下山了，黑云漫了过来。隐隐约约听到远处有雷响起，嗡嗡的，不一会儿那声音就听得真切了，"轰隆轰隆"地越来越响，越来越近，黑云越来越浓重，天色越来越暗。连续不断的"轰隆"声一会儿从这边响起，一会儿又从那边传来，好像天空中在打什么大仗似的，战车隆隆，战鼓咚咚。忽然，一道闪电划破长空，"轰隆隆——咔嚓"，一个炸雷。"哗——"雨下起来了。

178. 一颗颗珍珠从天上落下来

不一会儿，响起一阵雷声，紧接着，豆大的雨点噼里啪啦从天而降。突然，"叭"的一声响，就好像是小石子打在玻璃上一样。我往外面一看，大声嚷起来："姐姐！姐姐！这是什么东西？"姐姐一边看一边说："这是雹子。"接着，两个、三个……越来越多。这些雹子小的像豆粒那么大，大的像鸡蛋黄，圆圆的，像一颗颗珍珠从天上落下来，又像一群调皮的孩子，在大道上、院子里翻滚着、蹦跳着。它们落到地上，立刻把地面砸个小坑。落在水里，就溅起一朵朵水花。落到地膜上，就把地膜上砸了个小洞。不管农民伯伯怎么说，它们也不怕，而且砸得更欢了。一会儿，地上铺了厚厚的一层，就好像雪白的大小不同的玻璃球，美极了。

179. 厦门岩石

初至厦门，给我一个很深的印象——这里是一个石的世界。马路两旁，嶙峋突兀的，是岩石；山巅峰顶，昂首峭立的，是岩石；海滨湖畔，千姿百态的，还是岩石，几乎每一个角落，都有着它们的存在。在厦门人的眼睛里，它们大概算是最普通的、最平凡的东西了。而对于我，却十分新鲜。它们的黝黑色、深厚、坚硬，显示了与众不同的特点。它们不如大理石华贵，但它们凝重的黑色，显得朴实无华。它们从不喜欢深埋在地层之下，而是屹立山坡、矗立山巅，用自己的意志和身躯去迎接风雨的挑战。

看，风雨向它袭来，它抖擞精神，站稳脚跟，用胸膛抵挡住劈头盖脑的雨点，顶回了猛烈的狂风；雷电向它击来，它昂首挺胸，岿然不动，以坚韧不拔的意志向狂虐的雷电宣言："来吧，我决不屈服！"一个回合、两个回合……终于，风雨退缩了，雷电让步了。岩石以坚强的意志、坚硬的躯体赢得了又一次胜利。

天晴了，经过这样一次风雨的洗礼之后，岩石仍旧高高耸立在山上，岩石变得更加坚硬更加成熟了……

180. 少室山

看到了，少室山安祥地俯卧着，恬静地欢迎我们。像少女一样纯净，像母亲一样温存。她身披红装，啊，是我眼花了，分明是满山红叶，娇而不艳，媚而不俗，红得像一片云、一团雾，轻柔地笼罩在少室山中。整座山流光溢彩，令人咋舌惊叹。人们都说："故宫的房子，北海的荷花，香山的红叶顶呱呱。"少室山上的红叶与香山比，恐怕是有过之而无不及吧。再放眼望去，山景一下跳入我的眼帘。藏青色的山石衬托着枫树红叶；远处，星星点点的绿与红色处在一起，分外抢眼；青春已过的黄叶，独显特色。青、红、绿、黄交融着，互相衬托着。山就像一个巨大调色盘，调出了一组天下无双的自然色彩。绕过蜿蜒的小路，我们站在了山脚下。山更秀了，叶更红了。微风吹过，叶在摇摆，在歌舞，在低语。我听见了，听见了山的呼唤，叶的邀请；我看见了，看见了山的心胸，叶的风姿。它们在让我们上路呢！我们抖擞精神，准备应邀下山。

181. 家乡的山

登山要上峰顶。站在峰顶极目远眺，我的家乡那是山的海洋。只见群峰拱立，陡崖相连，山与山携手，岭与岭相望，望不到边际，看不到尽头，你如置身海洋，那起伏连绵的山就是一波一波的浪。如果恰逢夕阳西下，红日在峰顶缓缓下沉时，那景色是毛主席诗句"苍山如海，残阳如血"的形象再现。群山是青黛色，残阳是血红色；群山青得深沉，残阳红得浓烈，那飞波涌浪般的群峰又镀着一抹金黄……

日落后，山的海洋并不溶入黑色的夜。月亮升起，清辉普照。群山仍然是海，那是静默了的海。峰浪正在起伏，但已悄无声息。有一阵风过，林涛才响起轻轻的吼声，那"哗……哗……"的声音，有时由远而近，有时由近而远，像是山的喘息。那喘息粗犷而深沉，听着、听着，你不由要在月光下舞一回拳脚……

山中日出，绝无海上日出的沉寂。先是山亮了，然后是林中的鸟鸣了。就在鸟的一片啾啾声中，太阳上山了。群山波峰间的红色步步加深，终于成了一片亮亮的红色；红又在退了，亮在加强着。太阳沉稳地走上来了，半个圆红迸出一圈金箭。这时你们不要东望西看，两眼牢牢盯紧，目也不要眨一下。那金箭越来越耀眼，终于溶成了一片金黄，太阳登上峰顶了，你再也不能正视它了，它的光芒拥抱一切……

好了，好景不能一次全看完，我的描写先到这儿。你要是还不来，我就还给你往下描写。其实就是看了这几点描写，有人已经急着去买火车票了……

182. 五台山

久闻人人皆知的四大佛教圣地之一——五台山，今天趁暑假之暇，我和妈妈怀着浓厚的兴致乘车前往。

一路上，山峦起伏，苍松翠柏，山花烂漫，令人目不暇接。我贪婪地看着这一切，恨不得把它们马上都收在眼里，藏进心底。汽车又盘旋了片刻，终于到达了我日思夜想的地方——五台山。

我急忙跳下车，仰视大观，好一派佛教圣地风光：五峰高耸、拔地倚天，白塔巍巍、寺庙林立。其间掩映于青翠苍郁的松柏之中，构成一幅幅清幽而秀雅的绝妙画面。

我和妈妈随着来往的游人来到台怀镇。首先映入眼帘的是舍利大白塔，它座落在塔院寺中，是用米浆拌和石灰砌筑而成。在青山绿丛之中，高耸的白塔格外醒目。微风吹拂，挂在塔角的风铃叮当作响，清脆悠扬，山鸣谷应，声闻数里，好不令人心旷神怡。难怪这座明代古塔成为五台山风光的标志呢！

183. 岳阳晋岩

绥阳城东还有一座雄奇的山峰，名岳阳晋岩。绥阳城八景之一的"晋阳白马"指的就是这座山峰的景色。其实，白马是这座山峰的一堵山崖，远远望去，形状酷似一匹仰头长嘶的白马。清晨，薄雾笼罩山峰时，这白马时隐时现，仿佛在林间放牧。有时薄雾束成一条白色的缎带，漂浮在山腰，那白马又好像在这条光带上扬鬃奋蹄，腾空而起，跃入仙境，神奇异常。

184. 狮子山

狮子山拔地而起，古时候曾叫做"通天山"。传说后来被天上仙人用宝剑砍去了一截，再也不能通天了。现在它的海拔还有 2400 多米高，形状很像一只伏卧的雄狮，因此名叫狮子山。

狮子山有着许多奇峰怪石，参天古木，山上一道 3 公里长的悬崖峭壁，雄伟壮观。有人说它有昆明龙门之险，又有路南石林之奇。在千姿百态的奇峰怪石之中，以蛇石最为诱人。一块巨大的岩石从悬崖上凌空伸出，很像一条巨蟒的头，一根舌须从口中伸出。随着呼呼吹来的山风，似乎还在微微地摆动，形象逼真。中外游客来到这里，无不赞叹这大自然的奇异景观。

185. 黄山奇峰

黄山奇峰罗列，怪石嶙峋。莲花峰是最高的山峰。远看，它像一朵盛开的莲花；近看，又似一座玲珑的宝塔。天都峰是最险的山峰。它拔地而起，四面悬空。从峰顶向下一看，真叫人头晕目眩，两脚打颤。罗汉峰是最奇的山峰，从左边看，它像一个罗汉捧着大肚子，咧着嘴大笑；从右边看，它又像七个罗汉盘坐下来，双手合十，仿佛在念经呢。

186. "千里相会"

纵目望去，那峰峦忽而挤挤挨挨，忽而遥遥相望，分而又合，合而又分；分时天地豁然，合时天色一线。走着走着，便见"千里相会"的景观。两座如人形而立的山峰偎依在一起，一对朝思暮想、日夜盼望的人儿终于相会了。他们高兴得紧紧拥抱着相视相笑，如诗如梦如痴如醉，爱得如此痛痛快快。看着这两座山，想着"千里相会"的故事，仿佛这山也凝聚了无限的生命。

再往前行，眼前，从平地里赫然抖起一座柱形的山峰，腰缠绿，头顶翠，青衣侠士般岿然傲立，横看如大旗，侧望似长鞭。近处，又一座山峰像威风凛凛、栩栩如生的苍鹰一样忠实地守卫在长鞭旁，好个"神鹰护鞭"！大自然的造化竟如此美妙绝伦。

眼前的山粗犷而冷峻，令人感到一种刚直不阿、力争上游的质朴美，似一幅凝重的画，如一节深邃的诗，若一个清新的故事。周围的一切都悄无声息，静立不语。我不由肃然起敬，心里似乎一阵颤动，那可是大山广博的情怀所陶醉的！

187. 峨眉山

举目望去，万年寺被一片绿树掩映着。迈进大门，看见一尊面目慈善的普贤菩萨像，她端坐在金光闪闪的莲花瓣上，一头六牙巨象，稳稳地驮着她。普贤菩萨和白色的巨象，重 62 吨，望着这珍贵的文物，我想，这不是青铜铸成的，而是古代劳动人民的血汗和智慧凝成的结晶。菩萨头上的屋顶，画着四位仙女，仙女们在翩翩起舞。四周的墙壁上，雕刻着数不胜数的罗汉，千姿百态、栩栩如生，简直应接不暇。

188. 青原山

青原山风景优美、景色奇丽，是我们江西的一处著名风景区。星期天的早晨，爸爸带着我驱车前往那里游览。

来到山脚下，一阵"哗哗啦啦"的流水声，首先吸引了我。循声下去，我看到了这里的名泉——"游喷雪"。清澈的泉水从岩缝山石间汩汩涌出，汇成一片溪流，从大大小小的山石淌过，欢快地唱着歌儿向前奔流而去。山泉、溪流两侧，火红的杜鹃花开得正艳。山风吹过，杜鹃随风摇曳，好像舞起的红绸。斜射的阳光，两岸的红花绿树，使清澈的溪水变得像一道不规则的彩虹，美丽极了。

189. 美丽的泰山

泰山以"拔地通天之姿，擎天捧日之势"巍然屹立在齐鲁大地上，海拔 1545 米，被称为五岳之首。古人盛赞泰山"万古此山先得日，诸峰无雨亦生云"，生动描写了泰山的壮丽景色。

　　站在山顶，四处一望，一切都在眼底。山下的水库像一面镜子，在阳光下闪闪发亮。树林像小草，人群像甲虫，房屋像鸟笼，就连宽阔的马路也像银白色的带子。在山顶上，风云升足下，看山里，山风呼啸，浓雾迷漫好似坠入混沌世界，像处于仙境一般，能看到云海奇景、旭日东升，还能看到黄河金带、晚霞夕照。

190. 桂林的山

　　桂林的山很奇，一座座拔地而起互不相连，像老人、像月亮、像骆驼、像公鸡……奇峰罗列，形状万千；桂林的山真秀啊，像翠绿的障，像新生的竹笋，色彩明丽，倒映在水中；桂林的山真险，危峰兀立，怪石嶙峋，好像一不小心就会栽倒下来。

191. 巫山十二峰

　　两岸山峰连绵不断，山势奇绝，巫山十二峰，各峰有各峰的姿态，人们给它们以很高的评价和美的命名。它们使我们的江山更增加了诗意，而诗意又是变化无穷的：突然是深灰色的石岩从高空直垂下来，浸入江心，令人想到一个巨大的惊叹号；突然是绿茸茸的草板，像一支充满幽情的乐曲。特别好看的是悬崖上那一堆堆被秋霜染得红艳艳的野草，简直是满山杜鹃了。

192. 井冈山峰

　　我在井冈山茨坪宾馆的窗前，眺望对面那些幽暗环抱的山峰，其中，有一个峰顶，最先为透过山外青山探照过来的一道阳光照红。它先是微红的，然后粉红了，殷红了，像一朵燃烧的火焰似的火红了，像一朵迎向天空欲放未放的荷花似的紫红了、赭红了，红得耀眼，红得美丽。一转眼，太阳已上升，那个红色的峰顶也一变而为翠绿色的峰顶。

193. 苍山十九峰

苍山十九峰，自北而南宛如十九位仙女，比肩并坐，相偎相依；好像对镜理妆，凝视洱海；又好像在顾盼着苍山下洱海终年盛开的繁花，默默欣赏。

194. 呼伦贝尔草原

我太爱草原了，这不仅因为我的家乡在这里，而且因为这片草原是举世闻名的。夏天，大地是没有边的，绿茵茵的牧草密密层层，像一层绿色的地毯盖在大地上，大地有多大，地毯就有多大。抬头看，蓝蓝的天，白白的云，清新的空气，漂亮极了，干净极了。听说，世界上三大草原，唯有呼伦贝尔草原没有受到破坏，依然保持着它那大自然赐给的朴素的美。再望那无边无际的平坦的草原上，一群群绵羊像一朵朵白云在游动着；一头头高大健壮的蒙古牛、三河牛悠然自得地卧在草地上，嘴里不停地蠕动着，大概在品尝着青草的芳香；那一群群膘肥体壮的骏马，有的在昂首嘶鸣，有的在嬉笑打闹。这是一幅多么美丽的图画啊！

195. 草原美景

草原，平铺在仙女们的脚下，那是她们起舞的绿色地毯。在这绿毯上还有五色的花纹：那白，是活泼可爱的羊群；那褐，是矫健的马，是勤劳的牛；那蓝，是草原上一池池湖水，如一颗颗蓝宝石镶嵌在绿毯上，异常夺目；那红、那黄、……是一簇簇开遍草原的鲜花，五彩缤纷。日暮，一头牦牛正面向晚霞伫立着，是在沉思吗？不，那炯炯有神的目光分明在告诉我，它是在品味着大自然的一切，是在进行无声的赞美；一群活泼的羊在归途中"咩咩"直叫，那是在唱一首委婉动听的大草原的颂歌。

196. 冬天草原的景色

冬天，草原景色更美丽！鹅毛般的大雪漫天飞舞，像玉一样洁，像糌粑一样白，像蒲公英一样轻，从空中向下飘洒着，给这草原披上了一条洁白的哈达。在阳光的照耀下，闪烁着耀眼的白光。我们喝完酥油茶，开始了赛牦牛的娱乐活动。运动员们身上穿着长坎肩，腰带上插着一把精致的腰刀，戴上红缨帽。还有那些牦牛，角上带着红缨，背上铺着绣着花纹的布垫，脖子上系着一圈儿铃铛。比赛开始了，运动员们举着皮鞭，抽打着牦牛。牦牛在洁白的"地毯"上勇猛顽强地向终点跑去，那清脆的铃声好像演奏一首动听的歌。在终点处，有的人双手捧着洁白的哈达，有的人一手举着银壶，一手举着倒有青稞酒的银碗，嘴里说着："扎西德勒！"啊！冬天草原的景色真迷人！

197. 藏北草原

一望无际的清新碧绿，密密层层的柔嫩牧草，平展地延伸着，那星星点点的帐篷，在这绿色的海洋中，好似含羞的少女，用那袅袅的轻烟遮住自己。这是我的故乡，我深深地爱恋着的藏北草原。

藏北草原是温柔的。在明朗的阳光下，绿茸茸的草地闪烁着迷人的色彩。那绿是厚实的、平整的，像毛毯一样。最引人注目的是那雪白的羊群，羊儿在牧羊姑娘轻轻的歌声中，静静地吃着嫩草。放牧的藏族小伙子，骑在高大的马背上，奔跑着，玩耍着，说笑着……

绿色是大自然的生命，但这绿的生命中点缀着一些五彩的星星般的花儿，像是许多花蝴蝶在草地上飞舞。远处一条小河像一条银带，在阳光下波光粼粼，就如河面铺着一层碎金。酥油茶、青稞酒和牛肉飘散着香味，给藏北草原增添了一种诱人的气息。我心中暗暗赞叹：美呀！实在令人心旷神怡。

198. 家乡的草原

当我走进齐腰深的一眼望不到边的大草原时，我被眼前的景象迷住了。这哪里是草原啊，简直是绿色的海洋！一阵风吹来，那绿色的波涛从近处涌到远处，又从远处涌到天边。那深草中的羊群，极像那大海中白色的浪花。我虽然没有看见过大海，但我觉得我已置身于无边无际的大海之中了。

其实，家乡的草原，春天的时候才是最美的。多少个春天的假日，我放羊来到这"草色遥看近却无"的草原上，那报春的点点野花和觅春而来的各种鸟雀，还有那身上黑白分明的牛犊和白棉团一样的羊羔，把草原点缀得如诗如画。只要你的双脚一踏上这片沃野，就会使你心旷神怡。这花、这草、这牛、这羊、这鸟，还有那蓝天，那骄阳，不正是一幅美丽的图画吗？

秋天和春天相比，家乡的草原显得更充实。大草原是我们饲养牲畜的饲料资源。你看，满载"羊草"的各种车辆穿梭往来，垛得像小山似的草垛，挤满了大街小巷。啊，大草原不正在无私地养育着家乡的人们吗？

大草原的冬天更有"北国风光"的奇妙。一场雪过后，当人们看到"千树万树梨花开"的时候，那"千里冰封，万里雪飘"的景象便会映入你的眼帘。喜欢打猎的人们背着猎枪，带着猎狗，仨一帮俩一伙地出发了。当他们踏着夕阳返回时，那山鸡、野兔竟使他们"满载而归"了。

家乡的草原啊，养育着我们这里蒙古族和其他兄弟民族的祖祖辈辈。你并没有因为时间的流逝而苍老，生活在这里的各族人民，将用勤劳的双手把你打扮，使你更加美丽富饶。

199. 平原

平原上麦子黄了。黎明的风，带着清新的香味，轻轻地从麦梢上滑过，麦杆柔和地摇动起来，沉甸甸的麦穗，便一齐无声地摇曳着。随着黎明的到来，麦田上现出一片清光。这清光越来越白了，于是一层稀薄的像纱一样的乳白色的气流，便在麦梢上轻轻地荡漾着。成群的麻雀，愉快地吱吱叫着，穿过这轻薄气流从麦田上飞过。太阳出来了，白色的气流变成了红色；风继续吹过来了，气流飘散了，太阳便以它最初的赤金般的颜色覆盖在麦田上；麦田像海一样，泛起一片金光，涌起无边无际的金色的麦浪……

200. 黄河

　　站在黄河岸边向远处眺望着，一轮红日渐渐地坠落下去，剩下的一丝亮光，映在河面上，好像给宽阔的河面涂上了一层美丽的色彩，又像把一些亮晶晶的五彩玻璃片撒在河面上，那玻璃片闪动着，跳跃着，好似万花筒里变化无穷的图案，真吸引人啊！

201. 天池美景

　　车子沿着盘山公路又行驶了。不一会儿，天池就展现在我们面前。这奇异秀丽的美景，顿时使我感到心旷神怡，好似到了瑶池仙境。刚才还在颠簸路上行驶，现在我已被这如诗如画的美景所陶醉。只见周围群山起伏，山高谷深，池水碧蓝、幽静。岸边松林茂密郁郁葱葱，一望无际。看，那湖水清澈深邃，光洁如镜，它清，清得可以看到湖底的卵石；它静，静的让你感到没有流动。再看，四周高山林立，山上冰雪晶莹，山下苍松满坡，湖畔绿草如茵、繁花似锦。我向东望去，博格达峰山顶却还有雪白的积雪，怪不得上山还要穿羊毛衫呢？我们在这海拔 2000 米的山上湖泊中泛舟，欣赏湖光山色，别有"雪山倒影山浮雪，无水无山不入神"的情趣。身临其境，使人有一种神奇的感觉。

202. 浪溪大水库

　　有人爱波澜壮阔的大海，有人爱汹涌澎湃的长江，而我却爱家乡美丽的浪溪大水库。家乡的水库，一面临堤，三面依山，那壮观的大坝像一条巨龙横卧在两山之间。它是家乡人民用辛勤的汗水浇灌而成的。每当我站在坝上，心胸就豁然开朗，心旷神怡。那高高耸立的溢洪大闸下，水流飞泻而下，顿时，升起琼花万朵，溅起莹珠万颗。大坝外侧是一望无垠的东湖，几万亩土地的庄稼，像一幅无边的画卷：金黄的稻子，雪白的棉花……大坝里面便是那清凉的碧水。俯首近看，它是那样平，平的宛如一面亮闪闪的明镜。放眼望去，周围群山起伏，山上青松亭亭玉立，翠竹依依成林，碧茶层层叠浪。万绿丛中，映出红花格外鲜艳夺目。那青山、绿树、翠竹、碧茶和红花倒映水中，给家乡的水库增添了绚丽的色彩。

203. 雅鲁藏布江

我爱家乡的雅鲁藏布江。江面上漩涡重重，波浪打在岩石上，溅起一人多高的烟波，远远望去，就像千军万马，掩杀过来，令人惊心动魄。每逢夏天，江底像有一条翻腾的蛟龙在兴风作浪，江面就像开锅的水，汹涌澎湃。一根根圆木便躺在大江的怀抱里，漂向远方。

204. 长江美景

长江，没有湖水的清澈，缺乏大海的神奇，但它以自己独特的风格深深地吸引了我，特别是晴空下的长江，更有一种令人说不出的风韵。

天空，瓦蓝瓦蓝的，是那么明净；云儿，雪白雪白的，是那么轻盈。明媚的阳光交织成一张巨大的金网，罩在江面上，罩在岸边，罩在武汉三镇广阔的土地上。站在长江大桥上，长江的丰姿和两岸的美景尽收眼底。俯视江面，只见浑浊的江水卷着漩涡，打着转儿，仿佛在跳跃、舞蹈。终于，孩子似地撒一阵欢，飞快地向东流去。航标灯在浪花的簇拥下，摇来晃去，可真惬意啊！一艘艘轮船"呜呜"地鸣着汽笛，在江面上破浪前进。"至若春和景明，波澜不惊，上下天光，一碧万顷……渔歌互答，此乐何极！"是的，此乐何极！虽然江面上没有优美的渔歌声，但那声声嘹亮的汽笛不正组成了一曲动人心弦的乐章吗？

放眼望去，江面上闪烁着耀眼的金光，时而聚拢，时而散开，莫非是一群快乐的精灵在嬉戏？远处的江面，停泊着几艘运煤船，船上一堆堆小山闪耀着光泽。啊，这才是真正的金子——乌金啊！再往远处看吧，水天交接处，依稀可以看到一线山痕，那片从天边驶来和向天边驶去的船只，又不由使人想起"孤帆远影碧空尽，唯见长江天际流"的诗句。

这朦胧的景色，似乎把人们带到虚无缥缈的仙境。

205. 沱江

春天的清晨，沱江在雾气迷蒙中醒来。远处的天边，浓雾渐渐地变薄了，如袅袅炊烟，似薄薄青纱。江边一座座巍峨的大山，连绵起伏，透过那蝉翼般的薄纱，显出淡绿的颜色，蓝色的天，白色的水，远远望去，水天相接，分不清哪儿是天，哪儿是水。

206. 黄浦江

我最喜欢黄浦江迷人的景色。我常趴在江边的大堤上，出神地望着东去的江水。清晨，太阳从东边冉冉升起，霞光把江面照得通红，黄浦江就像位勤劳的母亲，开始忙碌起来。轮渡来往于黄浦江两岸，她把浦东赶早集的农民送到了浦西，又把浦西上早班的工人送到了浦东。白天是黄浦江最繁忙的时候。江水在阳光下波光粼粼，拖轮拖着长长的船队，载着各种各样的货物离开码头驶往长江上游。万吨巨轮又装着钢材、机器拉着高昂的汽笛从吴淞口进港。两岸码头上，成排巨大的吊车忙着卸下进口的急需物资，又匆匆地装上印有"made in china"的工农业产品。江面上中国造的客货轮、挂着外国旗帜的大海轮、"突突"冒烟的机帆船川流不息。有时船只太多，只好在江面上排起了长蛇阵。这时，黄浦江就像一位宽厚的母亲，用她那温暖的胸怀迎来了一个个远方归来的游子，又送走了一个个出门远行的亲人。入夜，黄浦江两岸灯火通明，倒映在江面上，就像繁星点点。江上轮船汽笛压低了嗓门静静地行驶。此时，黄浦江又像一位慈祥的母亲，轻轻地抚摸着劳累了一天的孩子们。

207. 钱塘江

钱塘江的水是浅蓝色的，江面宽阔，江水浩荡，奔腾不息。江面上，各种船只穿梭似的来来往往，在离六和塔不远处架着我国自己设计制造的铁路公路桥——钱塘江大桥。"一桥飞架南北，天堑变通途。"这座大桥是杭州古城的又一名胜。

朋友，"百闻不如一见"，你还是自己来看一看吧。

208. 鸭绿江

晚上，妈妈和我迎着轻柔的晚风，来到了鸭绿江畔。这里可真是名不虚传。你看，吃过晚饭的人们都仨一群，俩一伙地涌向这里，人群像潮水，好不热闹。江岸上灯火辉煌，五颜六色的彩灯耀眼夺目。

209. 嘉陵江

初冬的一天早上，我们来到河边的沙滩下观看了美丽的嘉陵江。站在沙滩上向远处眺望，展现在眼前的是一条既长又宽的嘉陵江。碧绿的江水非常清澈，能倒映出江上和江岸的景物。江水还不时"哗啦啦"地拍打着岸边的沙滩。阳光洒在江上，微风拂过江面，江水泛起粼粼的波纹，熠熠闪光。

210. 松花江

松花江自西向东蜿蜒流去。在松花江的西岸有美丽松软的沙滩，每到夏季，成千上万的游客来到松花江畔，或信步游览，或恣情游泳，或悠闲划船，八方来客给松花江带来了无比欢乐的气氛，形成了非常热闹的场面。而到了秋天，数不胜数的树叶纷纷落到江面上，就像千万只小船汇成一只浩浩荡荡的舰队，顺流东征，颇有"百舸争流"的气势。到了白雪皑皑的冬天，松花江千里冰封，人们穿着厚厚的棉衣，戴着帽子，冒着零下二三十度的严寒在冰冻的江面上组织丰富多彩的滑冰、打冰爬犁等活动。还有那举世闻名最能体现北方人豪放性格的冬泳运动。

211. 浏阳河

美丽的浏阳河，金光灿灿，一阵风吹来，河面就泛起鱼鳞似的波纹。一颗颗柳树摇着绿色的长辫子，一朵朵桃花绽开了笑脸，好像在对着明镜般的河水梳妆打扮呢！河里的鱼儿在悠闲地游着，它们三个一群，五个一伙，有的挨挨挤挤，好像在窃窃私语；有的围成一个圈儿，脊背朝天，好像在谈论云彩的奇异。你看那一架架竹排奔流而下，不时传来放排工人的阵阵号子声。浏阳河不但风景迷人，还出产驰名中外的菊花石，那晶莹洁白的菊花石使人们赞叹不已。

212. 倒淌河

　　春天，倒淌河水缓而清，在蜿蜒中、曲折中，它流动着水墨画也画不出的一片春景。秋天，它宽阔奔腾，但又不失它温柔、多情的一面，它不像长江、黄河那样巨浪滔天、势不可挡、一往直前，露出雄性逼人的英气。它满怀情感却从不泛滥，它顺从四季的变化，但又执着地沿着自己的道路流向前方。

　　倒淌河，冲出平缓的滩，淌入茸茸的草原；穿过险峻的山，闯进自己形成的川。日夜不停，川流不息，向目的地奔去……

213. 拉萨河

　　两岸的高山在远处相接，似乎形成了一个摇篮。在这摇篮里，拉萨河像一个熟睡的婴儿，显得格外轻柔、安宁。阳光温柔地把它的光芒洒在河面上，使河面上闪起点点金光。飘着白云的蓝天倒映水中，把一条河变成了镶着金边的蓝色飘带。河两岸加有格桑花的绿草又为这飘带镶了花边。美丽的飘带啊，你从何处飘来，又向何处飘去？

214. 大渡河

　　我家乡的大渡河，虽然不及滔滔的长江，比不上汹涌澎湃的黄河，但却有《西游记》中"鹅毛飘不起，芦花定沉底"的流沙河的气势。河面上漩涡重重，波浪打在岩石上，溅起一人高的烟波，远远望去，就像千军万马扬起烟尘，掩杀过来，令人惊心动魄。冬天，河底的岩石微笑着向太阳招手，水面上只有粼粼的波浪。可是每逢夏天，河底像开锅的水，汹涌澎湃，这时，一根一根的木材躺在大河母亲的怀抱里飘向远方。

215. 古运河

碧蓝明净的古运河，像一匹美丽的蓝缎，终年不息，缓缓流淌着。白天，河上帆影点点，汽笛声声，船来轮往，交织着一片沸腾和繁忙；入夜，河面银波粼粼，映着满天星斗，细浪轻轻舔着岸石，又仿佛在娓娓地讲述着古老的故事……每当狂风暴雨时，它像一头发怒的狮子在咆哮，又如数条蛟龙在打仗，水急浪高，声势慑人。

216. 白河

当第一阵春风拂过，第一场春雨下过时，白河的冰化了，河水踏着欢乐的节拍向前流去。清晨，孩子舞着皮鞭，把鸭子赶下水。那满河的鸭子，像从天上扯下的白云，有的静静地摇摆，有的则把头扎进水里，把毛茸茸的屁股留在水面，不一会儿嘴里就嘬着一条鱼。这时的白河静静地流淌着，像一个文静的小姑娘。

夏天来了，几阵暴雨之后，白河水涨了。瞧，这里成了孩子们的乐园。三五成群的孩子们，像宝宝回到妈妈怀里一样，"扑通扑通"地下了水。看他们像一只只小鸭子似的，在河里尽情地玩耍、嬉戏、捉小鱼、捉小虾。有的躺在河面上，两脚不停地踢着，把那小肚皮留在水面上；有的则在打水仗，边追边打，边跑边笑，你把水泼到我身上，我把水泼到你身上。那白色的水花洒在彼此的身上，像珍珠一样落在水里，泛起一阵阵水纹。欢笑声、泼水声，像一曲动听的音乐，天上的白云也停住了脚步，仿佛和我们一起游戏；树上的小鸟也停止了歌声，听着我们那童年的奏鸣曲。夕阳西下，晚霞像一块块大红绸子，映在河上像一大朵一大朵鸡冠花。晚饭后，老人们坐在河边，沏了一壶茶，谈天说地，说古论今。小孩子们也平静下来了，在白河那"哗哗"的流水声中，进入了甜蜜的梦乡。

217. 界河

夏秋季节，河水涨了，红褐色的水漫到堤岸上来，河水汹涌澎湃，浪花滚滚，但它很少给人们造成灾难。冬春时分，河水清澈见底，小鱼在河里自由自在地游来游去，水草在河里欢乐地跳起摇摆舞，仿佛是向来看它的人们招手致意。

微风吹来，水面泛起了鱼鳞似的波纹。水急的地方，时时溅起无数的小水珠，亮晶晶的，远远望去，像一朵朵小的白梅。河里的小螺狮，仿佛也想欣赏一下这美景，慢慢地爬到岸上来了。界河似乎从不知疲倦地、欢乐地唱着优美动听的歌，汇聚着中缅两国人民的友谊，世世代代地流淌着。

界河边上，长着一蓬蓬的竹子，像一个个含羞的大姑娘低着头。长长的竹条拖到了水面上，和风吹来，翠竹便跳起了婀娜多姿的舞蹈，时时发出哗哗的响声。看看界河，看看倒映在河里的蓝天、白云、翠竹，眼前仿佛是一幅长长的画卷，令人流连忘返。

218. 北戴河

暑假中，我和爸爸、妈妈乘上南去的快车，来到了我盼望已久的避暑旅游胜地——北戴河。

北戴河真是一个好地方。由于海陆风影响，这儿春无风沙，冬无严寒，夏无酷暑，温和湿润凉爽宜人。从清代开始，人们就视这里为避暑胜地。这里的海滨风景十分秀丽，山峰层峦叠嶂，苍松翠柏，千姿百态；楼堂馆所，风格别致；家贸市场，热闹非凡，卖鱼虾的、卖服装的、卖贝壳工艺品的，为海滨增添了特色。

然而，这里最有魅力的还是海。当我们放下行装，带着风尘扑向大海的时候，立即被这美丽的景色所感染、所震撼。啊！北戴河的海真美！广阔无垠、气势宏伟。远处，天海之间连成一线，白云朵朵、白帆点点；近处海水清澈，沙软潮平。蓝天、绿水、红房、金沙滩，相映成趣，真是一个理想的、美丽的海滨浴场。

219. 达赉湖

那天早晨，我们乘车来到达赉湖畔。一望无际的湖水，犹如一床绿色的地毯，铺在辽阔的草原上。蔚蓝的天空，一碧如洗。天水相接，让人分不清哪是天，哪是水。

我飞奔来到湖边。湖水那样清，清得可以看见湖底的砂石。可爱的小鱼也游到湖边，探出头来吐出几个小泡泡，表示对我的欢迎。我迫不及待地脱下衣服，跳入水中。温柔的湖水轻轻地抚着肌肤。我们几个同去的孩子，在湖里尽情地嬉戏、玩耍，就像在厚厚的海绵里滚动一样。下午，涨潮了。湖水像一头发怒的狮子，大声地咆哮着。浪头一个接一个哗哗地涌上来，又退了下去。刚才还是风平浪静，为什么一会儿工夫这达赉湖就翻了脸呢？噢，可能骄阳把它炙烤得难以忍受，也许是我们在它怀里无理的玩耍惹恼了它，只见它用那宽阔的肩膀，夹起一层层巨浪，然后狠狠地把它们摔在岸边的岩石上，将这些大块的绿色翡翠摔成无数碎片，四处飞溅，这才带着一丝怒气缓缓离去。啊，真伟大、真壮观，我要把这奇观拍进我的眼睛，印入我的脑海。

220. 鄱阳湖

鄱阳湖大得很，听大人们说，它是我们祖国最大的淡水湖。打个比方吧，如果说奔腾东去的万里长江，是系在祖国母亲腰间的一条金色腰带，那它可就是缀在这条金色腰带上的一颗最大最大的绿宝石。可不是嘛？清晨，你登上高高的山顶，一眼望去，湖水碧蓝，渺渺茫茫，好像和万里蓝天连接在一起。这时，它也许会引起你许多遐想：驾一叶小舟，越过这万顷碧波，不就可以驰进那令人神往的茫茫宇宙了吗？

鄱阳湖不仅很大，更叫人陶醉的，还是它的美丽多姿。大诗人李白曾经这样赞美："开帆入天镜，直向澎湖动。"是的，风平浪静的时候，鄱阳湖就像一面大镜子。你看，湖滨的青山，倒影在水中，不正像位大姐姐在这里梳洗打扮吗？这时，要是有一阵微风轻轻吹过水面，它可又是一番景象，碧波荡漾，在金色的太阳光照耀下，波光粼粼，真叫人心旷神怡，流连忘返。如果是刮起了大风，几百里的水面白浪滔天，汹涌澎湃，风击水声，轰鸣咆哮，就像那千军万马在前仆后继，冲锋陷阵……

221. 松花湖

站在湖边，眺望春天的松花湖，倍感亲切，但见湖水碧绿，和煦的阳光照在湖面上，闪烁着碎金子似的光彩，好像千万条小金鱼在游动。湖岸的绿树、人影，天上的白云，飞翔的小鸟，还有那乘风破浪的游艇，倒映水中，恍若一幅巨大的风光图。凉爽的风拂在脸上，细细一闻，这空气中还似乎带着甜味。湖水微漾，像风儿的轻弓缓慢地拉动波涛的琴弦。

222. 错高湖

湖的周围是连绵不断的山峰。湖水碧绿，清澈见底。无风的时候，水平如镜，朵朵白云，青青山影倒映于湖面，山光水色，融为一体。大大小小的鱼儿在水中穿梭，世人仿佛置身于仙境。

那湖水，被当地人誉为"圣水"。它冬暖夏凉，当大自然被浸渍于严寒之际，它却依然碧波荡漾。湖中鱼类繁多，湖边珍禽成群，传说湖底还有怪畜猛兽。也有人称自己亲眼见过两条大鱼，说是一条就有几辆卡车连起来那么长，当它们游出湖面嬉戏的时候，搅动得湖水像开了锅一样。这给错高湖又增添了几分神秘色彩。有时候，人们还能看到这样的幻景：湖面映出了草原、雪山，甚至能看到拉萨繁华市场的一角和法会的热烈场面。这些，就是所说的海市蜃楼吧。

最给湖面添色的，自然应是湖中的那座小岛。小岛圆如一顶毡帽，周围绿树环绕，中央便是那远近闻名的格萨尔王庙。传说格萨尔王东去灭妖归来，路经错高湖，被那里的景色深深吸引，便在这座小岛上停了下来，欣赏湖光山色，久久不愿离去。后人为了纪念他，便在小

132

岛上建立了这座格萨尔王庙，塑造了它的英像，记录了他的伟绩。庙内，终日油灯闪烁，钟声不绝；庙外，香烟弥漫，金幡飘动，引来了无数观光者。

湖四周的山上，是人迹罕至的原始森林，遮天蔽日。人在里面，只能借助点点光斑看清景物。各种小鸟鸣叫着从头顶上飞过，如果你幸运的话，还可以见到鹿、麝等珍奇动物。初秋，青杆菌、娃娃菌、香菇等各种可口的蘑菇长满了大山，为当地人们带来了口福和财富。

223. 微山湖

微山湖不仅是养放鸭鹅的牧场，而且是野鸭、天鹅积聚的地方。每到秋天，野鸭从北方一群一群地飞到这里来过冬。飞在空中，遮天蔽日；落在湖面，黑压压一片，一眼望不到边，一枪能打百多只。

微山湖里水面庄稼，长势也很好。湖边芦苇像一条天然屏障，密极了，绿极了。到了秋天，芦花开得很大，毛茸茸的，像个小火炬。成熟后，微风一吹，苇絮散开了，像给湖面铺了一层棉纱。满湖枯江草，形成了一望无际的"水上草原"。10万亩荷花，随风送出缕缕清香。那浮在水面上的荷叶，像一个个碧绿的玉盘，托起一个个心脏形的花骨朵。几天后，花骨朵微微绽开，露出白色的、红色的花瓣。再过几天，荷花全都舒展开来，在片片花瓣中间，露出嫩绿的小莲蓬，周围长出黄色的花蕊，黄绿相间，煞是好看。鸡头叶，翠绿如盖，罩住湖面。一根根花茎伸出来，顶着一个个状似鸡头的紫色浆果，有的像仰头张望，有的像低头觅食，有的像侧耳倾听，形态各异，活灵活现。一片片菱角秧，密密匝匝拥拥挤挤。紫色的长茎、姜黄的须根、老绿的叶子、白色的花瓣，像星星闪呀闪。每棵菱秧，都结满一嘟噜一嘟噜的菱角，有的鲜绿鲜绿，有的褐紫褐紫。那长得玲珑剔透、透红透红的叫"红绣鞋";两头翘起,中间圆鼓鼓的叫"大元宝";那肚大腰圆,两角扎撒的是"大海菱"。还有那"四脚耙",一不注意,它就毫不客气地咬你一口,怪疼怪疼的。微山湖遍地是宝藏。

224. 镜泊湖

沿着深潭溢出的潺潺流水,我们来到了仰慕已久的镜泊湖。湖面像一面宝镜静静地卧在群山的怀抱中,那么安详,那么悠然。往远处望,颜色一层深似一层,渐渐地变成了深绿色。一阵风吹来,微波粼粼,像丝绸上的皱纹,光滑细腻。水波柔柔地爬上沙滩,像小黑狗的舌头舔着游人的脚。仰望天空,云朵像棉絮一样在缓缓移动;俯视湖心,更有一番情趣,云影在徘徊,两岸山峦倒映水中。湖水中点缀几个岛屿,为这幅别致的画面又增添了几分魅力。爸爸告诉我,那最大的岛屿叫孤山,是个叫"大姑"的美丽姑娘变成的,不过,那大孤山不像个大姑娘,倒像个横卧湖中埋头饮水的大水牛。

225. 大明湖

泉城济南向来以千佛山、趵突泉、大明湖而著称。假期的一天,我们全家兴致勃勃地赶往大明湖,一睹了它的风采。

天刚刚露出鱼肚白,我们就来到湖畔,坐着小船驶入湖中。这时薄薄的雾气在湖面上缭绕,使大明湖又增添了一份神秘。太阳露出半个脸,大明湖像刚苏醒的少女,荡起涟漪,欢快地迎接着初升的太阳。雾,还停留着不肯走开。升起的太阳放出万丈光芒,一下子把雾冲得无影无踪。顿时,湖面明亮得像镜子一样。

湖面上微波荡漾,鱼鳞似的波纹一起一伏,使人们感到了它的温柔美。大明湖美就美在它的水，向远处望去，广阔的湖面上碧波粼粼，风一吹，湖面就荡起一阵阵涟漪；大明湖美就美在它的蓝，如深沉的大海般慈祥，如瓦蓝的天空般艳丽；大明湖美就美在它的柔，看着那泛着微波的湖水，我不禁想起母亲额上的皱纹。湖水温柔地拥抱着我和小船，我犹如孩子投入母亲怀抱似的，感到一阵阵暖意和亲切。

226. 东湖

东湖湖面很广，湖水清澈，湖岸绿树成荫，芳草鲜美，百花争妍，每年吸引成千上万的游客到此游览。

最引人注目的是湖面上的花篷船，这是维吾尔族特别的游船。花篷是彩缎做成的，美观极了。一只花篷船能坐六至八人，船里坐着一群维吾尔族艺人。当游客坐上花篷船时，艺人们边唱边弹边舞，热闹非凡。一到上午，几十只花篷船活跃极了，歌声、琴声、笑声连成一片，成了歌的海洋，笑的世界。

那伸向湖心的九曲桥构造别致，每一曲有一个特制的观赏台。站在观景台上，饱览东湖景色，使人心旷神怡，如在仙境。俯首桥下，清澈的湖水照见人影，鱼儿在桥下游来游去。当你把纸团仍向水面，那鱼儿张开大嘴，一口咬住，嚼了一嚼，然后又吐出来，打一个浪花，不见了；不一会儿又出现在你的眼前，摇摇头，摆摆尾，似与游者相乐。

湖岸上的草木都郁郁葱葱、繁花似锦。黄昏，人们三三两两来到湖边散步，这里景致优美，空气新鲜，花香醉人，一天的疲劳全都被赶掉了。这里也是情侣的天堂，一双双，一对对，坐在绿树下，青草上，悄叙情语。

夜幕降临，东湖又是一番景色，湖水在灯光的照耀下泛起金波，那湖上的九曲桥，如同金龙，颇为壮观。向远处眺望，湖上的灯，天上的星星连成一片，更加迷人。

227. 昆明湖

远望昆明湖，像一面明亮的大镜子。站在湖边，透过那碧绿的湖水，能一眼望到湖底的鹅卵石。远处，几只黑点般的小鸟斜着身子掠过湖面，尾巴偶尔点了一下湖面，就又飞入碧空，慢慢地消失了。

船儿慢悠悠地荡漾在月湖上。我瞪大眼睛，真想把四周的景色全部摄取进来。水面那被桨划出的一对对漩涡向后转去，像小姑娘脸上的酒窝，挺好看的，也怪有趣的。船后泛起一层波纹，像小船拖了一条长尾巴。对岸一排柳树，宛如一群姑娘伫立在湖畔。

228. 甘棠湖

初夏的一个星期天，我漫步到湖边，放眼望去，湖面宽阔，景象壮观。太阳乍起，湖面上冒出淡淡的白气，人站在湖边，仿佛置身于云雾仙境一般；太阳升起了，微风习习，在灿烂阳光的照耀下，湖面波光粼粼，银光闪闪，像一湖的银鱼在跳跃。天阴了，风停了，湖面恢复了平静，宛如一面镜子。啊，下雨了，湖面更是一派迷人的景象：远处，湖面烟雨蒙蒙，水天相接；近处，水花朵朵，像无数朵盛开的梨花。

雨过天晴，湖水盈盈，碧波荡漾，我坐在岸边石阶上，垂着双脚浸泡在湖水里，真舒服啊！犹如慈爱的母亲用双手在温柔地抚摸……

秋天，湖水像一位善良的母亲，轻轻地抚摸着湖边的沙滩。我和小伙伴到湖边，当波浪刚一退去，我们就立即站在刚被水冲过的地方，当波浪又涌来时，我们的脚下飘飘悠悠的，会产生一种眩晕的感觉。在狂风怒吼的天气里，湖面又换了一副面孔，以往的温柔消失了，湖面上波涛起伏，狂吼咆哮，发出阵阵隆隆的声响。整个湖显得烦躁不安，湖水也混浊了，不再是蔚蓝色的了。我想：它是在同狂风搏斗吧！胆小的孩子说不定还不敢看这个场面呢！

229. 泸沽湖

泸沽湖静静地躺在青山的怀抱中，散落在湖面上的七个小岛，好像漂在水上的七个葫芦。一片片白云醉倒在蓝蓝的天和湖水之间，湖风吹来一阵阵鸟语和花香，湖边的木棱房顶升起一缕缕炊烟。过冬的候鸟从远方一行行地飞过来，一串串欢快的鸣叫声撒在青青的山峦和碧绿的湖水里，它们似乎在说："母亲湖，我们回来了!"巍峨的格姆山好像展开双臂欢迎它们归来。湖面上划着猪槽船的摩梭姑娘们放开喉咙，赞美可爱的家乡。啊！我的家乡实在太美了。

230. 厦门海滨

当我第一次来到厦门海滨，看到那蔚蓝的大海时，我的心醉了。洁白的浪花翻滚着、跳跃着，从蓝色的海面涌来，涌向金黄色的沙滩，摩挲着细沙，似一条宽宽的银链，有节奏地摆动着。海，似一幅流动的蓝色长卷，礁石、小岛、渔船，一切的一切，仿佛都在大海中飘浮、波动，若隐若现。海的宽广，使我的心也随之广阔起来，遐思无限……

清晨，太阳从海面上跃出，海面上金光闪闪，似片片鱼鳞。夜晚，月亮从大海面中升起，海面上银光点点，像颗颗珍珠。"日月之行，若出其中；星光灿烂，若出其里"，这是一曲多么美妙的大海畅想曲啊！

但大海决非永远如此平静。记得我们动身离开厦门那天，我站在海轮的甲板上观赏海景，突然，平静的海面似乎被谁搅动了，海水翻滚起来，吐出了一圈一圈的白色泡沫，忽而拥在一起，忽而又向四周散开。渐渐地，巨大的海浪掀了起来，一排一排，从远处汹涌而来，就像一只只白色的海兽，吼着、嘶叫着，互相拥挤着、撞击着，也撞击着我们的船体，发出"哗哗"的巨响。大海终于咆哮起来，海浪冲起很高，水花直往我身上溅，一股海腥气味直往我鼻子里钻，我们的船在海面上颠簸，一会儿冲上峰巅，霎时又跌入深谷。我望着这惊涛骇浪，不禁为海的神威所震慑，感叹之余，我忽然想到，在我们人生的道路上不也时常会遇到这样的"风浪"吗！

离开厦门的时候，我想，我们应该具有岩石的顽强，桉树的朝气蓬勃和正直，大海的宽广胸怀。

231. 青岛海滨

青岛，以其独有的海滨景色使人陶醉。多少个清晨，我走上令我神往的栈桥，饱览海滨那壮丽的景色。站在桥上眺望远方，茫茫大海无边无际、海浪翻滚，一浪追着一浪，永远不知疲倦地赶着、嬉戏着。浪头互相撞击时撒出一串串晶莹透明的水珠，在阳光的照耀下闪出夺目的光芒。远处，海天相接的地方，蒙上了一层厚厚的雾，显得十分神秘，令人难以琢磨。几艘大轮船，行驶在海面上。船尾几只海鸥在空中快乐地翱翔。海浪、水珠、云雾、轮船、海鸥，构成了一幅美丽的图画。

232. 大海美景

海的梦，曾出现在我梦幻般的童年。书本、长辈、荧屏……使我知道了海宽广、美丽、富有。

有一天，我终于有机会去见一见大海了。大海的景象完全使我陶醉。海是蔚蓝的，排着队的海浪在正步走，喊着口号，"一、二——一"朝岸边涌来，"哗"——解散了。后面又有一排海浪排着队伍，向这边靠近。海水轻轻地舔着沙滩，时而上来，时而又下去了。阳光照在海面上，就像谁撒下了一把金珠，满海的金珠在水中跳跃着，闪烁着璀璨的光芒，几只海鸟在天空中自由地翱翔。这时，我才懂得了什么叫美丽、什么叫生机。浩大、广博的大海呀……身边的叔叔从我的眼神里看出了我的赞叹，告诉我大海也有发怒的时候。那时，大海似千万匹脱缰的烈马，似无数条狂舞的蛟龙，一排紧似一排，一排怒似一排，扑了过来……

233. 海浪

3 点多钟以前，大海还是那样温文尔雅。我站在礁石上，凉滋滋的海水轻轻地抚摸着我的脚丫，洁白的浪花追逐着人们的脚印，发出"哗啦哗啦"的"笑声"。海风是那样凉爽，像一条条小鱼似的滑过我的腿间。3 点钟刚刚过，海风一下子变得凶猛起来，掀起了我的裙子。不一会儿，我脚下的礁石和岸滩之间被蔚蓝的海水隔开了。我知道涨潮开始了，便趟着清凉的海水走上岸，目不转睛地看着那一望无际的大海。

果然，过了一会儿，海浪从海平线上滚滚而来。它们打在礁石上，溅起了雪白的浪花。浪花飞花碎玉般地乱溅开来，远远望去像一朵朵的白梅，微雨似的纷纷落在海水里。它们冲向岸滩，冲刷着金色的沙滩，冲去了一天人们留下的足迹。海浪一浪接一浪，一浪比一浪猛，它们好像在赛跑，一个浪头冲过礁石奔向终点——沙滩，另一个浪头也紧跟着冲了过来。它们又好像在与礁石搏斗，疯狂地发起猛攻，猛烈地拍打着礁石。礁石满不在乎，傲慢地站在那里。它们又好像在跳高，一个接着一个地蹦向大堤，可怎么也蹦不上去。渐渐地，一个浪比一个浪蹦得低，好像是在策划着要突然袭击。果然，一个飞浪奔腾着蹦向大堤，可这次又失败了，海浪只好认输。

啊！大自然！你是个多么伟大的艺术家啊！你把地球打扮得这么威武、雄壮！但是人们的智慧在不断发展，人们能够不断地加强对你的控制，不断地加强对你的约束，最后终能彻底战胜你！

234. 灵泉洞

听说"灵泉洞"神奇如仙境。在好奇心驱使下，我迎着蒙蒙细雨，踏着自行车直奔"灵泉洞"。

洞内黑咕隆咚，洞口又小又低，我随游人摸索着洞壁匍匐前进。"前面有亮光！"我不禁失声叫起来。啊！好一个宽敞的殿堂。转身往右，首先看见如来佛。他双掌合十，双眼微闭，面带笑容，盘腿静坐于"莲花盘"内。那山谷底的石笋各具形态，有的像婀娜多姿的美女，有的如老态龙钟的寿星，有的像凌空高翔的飞禽，有的似凶猛的野兽。抬头见那悬空而挂的石钟乳，正好与拔地而起的石笋相对，从石钟乳滴下的水通过石笋慢慢流入谷底。长年累月，积成一泓深水，既清澈又凉爽，游客们都忍不住要捧舀一喝。

拐过弯来，是圣仙吕洞宾，左右两旁是他的好友铁拐李和何仙姑。

光线从山顶一处斜射下来，正好落在他们身上，这更使他们增添几分神韵。回头转，只要你恭耳倾听，就会听到从漆黑的山谷底上发出的"嘟嘟"的响声，似有人在底下敲着木鱼石，这是仙境中才有的乐曲。在乐曲的伴奏下，我走出了洞口。

235. 天泉洞

我们进了洞，眼前一片漆黑。忽然，"啪"的一声，彩灯亮了。借着彩色的灯光，我看见右边一块岩石很像猴王孙悟空。果然，导游阿姨介绍说："这个地方叫做'石秀长廊'，右边的岩石上是天然形成的人物塑像，酷似《西游记》里的孙悟空、唐僧、观音菩萨等人物形象。"

再向前走一段路，来到了"怪兽群雕"前，这里除了"哈巴狗"、"石狮"外，还有一只"孔雀"。在绿色灯光的映照下，孔雀展开像一把五彩洒金的大扇子的屏，迎接各方来客，真不愧"孔雀迎宾"的美名。

我们向洞的深处走去，洞越走越宽，越走越大，不多久，登上了一个平台。我靠着平台边的石栏杆往上看，洞顶宽敞平整，这不禁使我联想到北京人民大会堂的天花板。再往下一看，呀！真高啊。导游阿姨说："这里从洞底到洞顶，有97米高，相当于30多层楼的高度。"实在太绝了！这儿真是别有洞天。在这空旷的洞内大厅里，就可以修一所小学校！

236. 三眼洞

一进三眼洞，给人一种心旷神怡之感。一滴一滴的水从洞里岩石的尖端落下来，像取之不尽，用之不竭的珍珠。岩石尖端和洞壁上渗出的水在洞里形成一潭活水，喝一口，真甜啊！泉水落在潭里的声音像仙女在弹奏着和谐的音乐，乐声不断传出洞外，飘然而逝。洞中有一个巨大的岩石，像一位亭亭玉立的仙女在随着音乐翩翩起舞。

看，洞里的钟乳石，有的像倒挂的荷花，有的像卧着的雄狮，有的像高悬的海螺，还有的像海豹在嬉戏……真是千姿百态、美不胜收。顿时使你感觉到了神话王国一般，"王国"的居民们都在招手欢迎呢！

237. 趵突泉

我的家乡在济南，自古被誉为泉城。有着"家家泉水，户户垂杨"的独特风景。趵突泉"平地涌起白玉壶"，以其秀丽的风姿，壮观的气势被誉为七十二泉之首。

趵突泉，一名"瀑流"，位于历山脚下，是来自泰山分水岭的地下伏流，又是古泺水的源头。水甘甜爽口，为天下文人墨客所颂扬。相传当年乾隆皇帝下江南时，带了满满一车北京玉泉山的水。谁料来到济南，一饮趵突泉水，大为倾倒，下令全部换上趵突泉水，并当即赐封趵突泉为"天下第一泉"。他一直喝着这泉水游遍了名山大川。

当你步入趵突泉公园，绕过那怪石嶙峋的假山，穿过那苍松翠柳掩映下的曲径、亭廊，便隐隐约约听到淙淙流水声。再紧走几步，便远远望见了那一泓碧水，清若明镜，红鳞绿草，辉映相同。

凭栏俯视，泉的中间三股泉水"咕嘟、咕嘟"地从地下冒出，而且喷涌而上，似珍珠，似碧荷，更似涌起的一团团飞雪，阳光一照，晶莹透亮，好壮观啊！难怪大文豪老舍来到这里，发出"只要你呆呆地站立三分钟，便觉得自然的伟大"的赞叹。

泉中的水藻，像绿色的缎带顺着水势摇摆，似仙子翩翩起舞，不时有一串水泡涌出，那是无数无名的小泉在喷涌，珍珠似的小泡像攒着的珠花，为趵突泉的粗犷增添了几分幽雅。

我和小朋友时常来到泉畔，捧起这清醇甘洌的泉水，痛饮几口便觉从头到脚都凉爽无比。有时情不自禁地把鞋袜脱掉，双脚浸入水中，随波荡漾，享受着泉水的按摩。这欢娱之情，可想而知。

严冬时节，泉水势若沸腾，三股泉水更是欢快异常，似三股袅袅轻烟，徐徐上升。整个水面之上烟波蒸腾，云雾弥漫，宛如一层朦胧的薄纱披在水面上。岸上的拱桥、亭榭均在烟雾缭绕之中，真有种让人飘飘欲飞置身瑶池仙境之感。

238.　蝴蝶泉

在苍翠的古树林中间，嵌着一池清澈见底的碧水，这就是蝴蝶泉。泉呈方形，泉中央有一块青石，人们纷纷把钱币丢到清石上，看谁扔得准。钱币一下水就飘飘悠悠地往下沉，好看极了。青石周围是沙子，泉水就从沙子里冒出来，有时还冒上来一串串水泡，就像水下藏着大鱼。

239.　五泄瀑布

五泄在诸暨的西面，那里山清水秀，景色迷人，而五泄瀑布更是令人向往的名胜。今年暑假，我们去观赏了五泄瀑布。

去五泄的路上，两边是崇山峻岭，茂林秀竹。我沿着溪江，大约走了一个多钟头，拐过一个又一个山峦，忽然听到"隆隆隆隆"的声音在山谷里回响。我顺着石阶快步跑上去，雄伟壮丽的瀑布就展现在眼前了。

240. 黄果树瀑布

我们来到瀑布前，仔细端详起它那壮丽的丰姿。你瞧，在绿树成荫的两山之间夹着雄伟的大瀑布。急剧飞奔的水花，直泻而下，像奔腾咆哮的万匹野马破云而来，又像神话中的仙女披着银纱，在斜阳的照射下光彩夺目。瀑布下有一潭，名叫犀牛潭。潭深水碧，奔腾的瀑布，从几十米高的悬崖绝壁上直泻而下，激起一朵朵晶莹的浪花，卷起一个个漩涡。那轰鸣的水声震耳欲聋，那溅起的水珠向四面飘洒，好似蒙蒙细雨，使你无法看清对岸。

241. 吊水河瀑布

今年暑假，我有幸到那万古奔流的吊水河瀑布前，欣赏它的雄姿。

沿着瀑布水流冲击形成的饮马河溯源而上，几里外就听见了瀑布震耳欲聋的狂吼。路突然陡了，爬上陡坡，我梦寐以求的憧憬立即跃入我的眼帘。

夏日的吊水河瀑布，水流强而有力。似野马，昼夜狂奔，又似暴雨倾盆而下，水石相撞，近似山崩地裂，远如闷雷轰响，令人望而生畏。

站在离瀑布几十米处迎风眺望，只见瀑布周围长满了茂密无比的树木，只有瀑布流泻下来的地方没有一棵树，露着一块蔚蓝的天空。瀑布无休止地泻下来，形成一幅宽阔的水帘，跌落下来的水流溅起巨大的浪花，像蒙蒙的水雾，同时发出巨响，构成了一幅气势磅礴的图画。正所谓"飞流直下三千尺，疑是银河落九天"。

再往前走，站在瀑布潭边的巨石上，举目昂望，只见巨瀑倾泻而下，视而如帛。它宽约 5 米，高约 30 多米，汹涌澎湃。一带白而发亮的水，仿佛是嵌在山崖中的一块巨大的白玉屏障，瀑布从断崖上直泻碧潭中，溅起的水珠高十多米，有的落在人们的身上、脸上，顿觉无比凉爽。

回到潭边岸上，此时再看瀑布，犹如镶着湿湿的黑边的一条巨大的丝带，凌空飘落；又似少女的秀发，在风的吹拂下飘散，因风作态，变幻无穷。在阳光的照射下，瀑布下端闪银亮玉，飘飘扬扬，似雪似霜，洒入水潭。这潭水宛如儿童那纯洁、明亮的眼睛。

242. 山溪

我们家住在山坡上，背后是一座很大的山，山很高很美，一条清澈的小溪从山上流了下来，经过我家房边往山下流去。几百年了，自从这里有人居住，山溪就这么流着，无论天多旱，也没停歇的时候，春夏秋冬一年四季唱着欢快的歌儿。

春天到了，山溪里的冰化了，溪边的积雪消融了，溪水又叮咚叮咚地流开了，那声音像弹琴一样，好听极了。天渐渐暖了，小鱼小虾在溪水里欢快地游来游去，谁知道一个冬天它们藏哪儿去了，天一暖，都回来了。溪边上，一朵朵野花开了，红红的、白白的、黄黄的、紫紫的，姹紫嫣红，争奇斗艳。它们的红脸上、白脸上、黄脸上、紫脸上，都挂着颗颗亮晶晶的珍珠，这是它们兴奋激动的泪水。山风一吹，花儿摇身摆头，在向小溪致谢。是啊，没有小溪的滋润，花儿是不会长得这么苗壮这么美丽的。

243. 九曲溪

金秋时节，我们来到了这"人间仙境"。清澈见底的九曲溪在奇峰峭壁之间萦回曲折，奔流而下；溪水两岸山峰层峦叠翠，气势宏伟。山光水色，交相辉映，宛如天设地造，鬼斧神工。人们都说"武夷魂系九曲"，大自然赋予武夷山的自然景致好像都浓缩在这里。所以，今天我能乘竹筏游九曲，真是美极了。

我们从星村乘上竹筏，开始了这神奇的航程。古人游九曲是从武夷宫逆流而上，而今则是从九曲顺流而下，随波逐流，飘然前行。竹筏荡过，搅碎了绿水之中的白云、蓝天、绿树、青山，仿佛是一条五彩缤纷的彩带在水中舞动。排工叔叔熟练地驾驶竹筏，川流在群山峻岭之中，饶有兴致地介绍起沿岸的自然景观及民间传说。白云岩屹立在溪边，高耸的岩面巍然挺立，晨雾在半山腰飘拂，忽聚忽散。狮子峰与白云岩相对峙，峰顶巨石，昂首东望，真有百兽之王的英姿。

244. 五龙潭

五龙潭位于济南市西门外，与大明湖隔河相望。来到近前，只见一座雕梁画栋的门楼矗立在眼前，显得气势磅礴。跨进大门，一阵沁人心脾的花草香迎面扑来，令人心旷神怡。顺着鹅卵石铺成的小路漫步向前走去，路旁的小草绿茸茸的，竹叶青翠欲滴，泉水碧绿清澈，似乎把天地也染绿了，人行其中真如在画中游一般。

五龙潭内泉水甚多，星罗棋布，有罗姑泉、孝感泉、东流水……可称三步一泉五步一水，人行其中那惬意劲就甭提了。五条小溪像穿珍珠一样把一个个泉眼穿起，无数座小石桥又把五条小溪攒在一起，真是奇妙无穷啊！

一座高大的楼阁位于公园正中，听人说那便是唐朝大将秦琼的府邸。这是一座双层单檐式建筑，红柱绿栏好不漂亮！整个建筑仿佛是一只展翅欲飞的雄鹰。登上二楼抬眼眺望，整个公园的美景尽收眼底，红花绿柳，怪石嶙峋，真赛似苏州的拙政园。俯身向下望去，只见一潭清水深不见底，这便是大名鼎鼎的五龙潭了。如果说那五条小溪恰似五条小龙的话，那么五龙潭则像它们含住的一颗明珠。望着那暗蓝幽深的潭底，我想：那儿真会有五条龙存在吗？向潭内仔细望去，只见一条条水藻像仙女的飘带飘飘摇摇，绿得发亮，在阳光的照射下闪烁出迷人的光彩。一只只红鳞鱼儿在其中穿梭嬉戏。投一块鱼饵下去，鱼儿立刻浮上水面，拥挤着、抢夺着，溅起一串串亮晶晶的水珠。放眼四望，五龙潭岸边围着一圈白石，形态各异，有的似人形兽状，有的似鱼跃鸟栖，有的似龙蛇盘踞，有的似山峰林立。在白石的间隙里还长出一些坚强不屈的垂柳，那柔软的枝条直拂水面。一阵微风吹来，柳枝跳起了婀娜多姿的舞蹈，水面也荡起一层层涟漪。五龙潭显得更加神秘、幽深。

弯弯曲曲的小路又把我们送到了公园的西南角，那儿有一块艺术珍品——五龙壁。五龙壁长约三米，由汉白玉雕琢而成。石壁上雕着五只栩栩如生的神龙，它们正在海上争夺一颗宝珠，有的蜷身、有的伸爪、有的探头、有的摆尾，形象之逼真，造型之精湛，真是不同凡响。它凝聚着劳动人民多少汗水和聪明才智啊！

245．乡村秋景

看着收获的人们，田边地坎上的刺梨也高兴地点头。那一颗颗的刺梨果，无论形状、颜色还是滋味，都非常惹人喜爱。刺梨圆圆的，头上顶着"将军帽"，遍身生着小刺，没有成熟的刺梨又酸又苦，熟透的刺梨黄灿灿的。摘下刺梨来，除去"将军帽"，擦掉小刺，掰开刺梨，倒出种子（刺梨的种子可多了，一个刺梨就有几十粒，多的上百粒），剩下的便是灿灿的果肉，送进嘴里，又香又甜，让人越吃越爱吃，吃后，还让你回味无穷。

村子里零星地散布着各种果树，黄澄澄的是梨，红通通的是枣，紫得发亮的葡萄像一串串宝珠挂在架上，金黄的柿子像欢呼胜利的灯笼挂满了枝头。

家乡的秋色多么美丽。

246. 家乡新貌

近年，改革开放之风吹进了家乡。村里家家户户栽上了李树，漫山遍野长满了李树。门前屋后，路边田角，无处不有。到了五六月，树枝上缀满了李子，一串串，一群群，密密麻麻，随手可摘。但是这年头谁还稀罕这个。过路的人口渴了，伸手摘三五个吃，人们也不计较。

李子成熟了，农民们得全家动员去采摘。大人们在树上拼命摇，小孩们在树下冒"枪林弹雨"不停歇地捡。而后，一筐筐、一袋袋往家中挑；一担担、一车车往外运……

售李市场上更是热闹非凡：一筐筐、一堆堆的李子摆满街道两旁。通红的是猴李，紫红的是胭脂，橙黄的是芙蓉……"卖李子呀，包软包甜！""卖李子呀，正宗的台口李，一斤五角钱！"叫卖声此起彼伏。许多人慕名而来，围在摊前品尝、议论、挑选，接着就是你一担，我十斤地过称、算钱、包装。有的人一手提着满满的袋子，一手抓着李子边咬边连声称赞："甜，真甜！"鲜红的李汁从嘴边溢出来，那样子好贪婪，好稚气！

247. 乡村夏景

夜幕渐渐地降临了。我把小狗阿汪拴在竹桩上就和表哥躺在瓜田的草棚里。瓜田里夜景可真美。月亮在云缝里穿来穿去，星星神秘地眨着眼，好像顽皮的孩子在玩捉迷藏；池塘里的青蛙正举行着歌唱大奖赛，他们唱着悦耳动听的歌曲，由不得你不静心专神地听，连阿汪也被吸引住了，不时发出"汪、汪、汪"的叫声，好像在为歌手们喝彩。七时光景，我路过车站，偶尔向南北的马路一望，只见骑自行车的人们乌蒙蒙一片，向南望不到头向北望不到尾；北面的自行车像滔滔江水滚滚而来，南面的自行车三三两两飞驰向北，川流不息。

这平时不被人们注意的壮观，像一块磁石，把我紧紧吸引住了。仔细一瞧，啊，真美！

看看自行车，一群"凤凰"、"飞鱼"飞来了，紧跟的是一群"永久"，如骏马一样奔驰着，颜色有红的、绿的、黑的、蓝的……还有的颜色也叫不出。后面还有"飞翔"、"海狮"、"飞鸽"紧跟着都一闪而过，这里简直是观赏各种自行车的好地方。

一会儿，两辆桑塔纳红色轿车由北驶来，像赶热闹来了；一辆绿色公共汽车从南开来，像赶集市来了。一会儿，西边两辆铁灰色拖拉机由西向东飞跑，一辆黄色大客车由东向西奔驰，虽然车辆那么拥挤，但秩序井然。这里"嘟嘟"，那里"嘀嘀"，好像在说："小心小心。"右边"嘟嘟、嘟嘟"，左边"铃铃、铃铃"，好像在讲"早安，早安！""再见，再见！"这里真像在演奏文明礼貌的交响曲呢！

248. 乡村的希望

阳春三月，细雨蒙蒙。一株株荔枝树沐浴在细雨中，一片片翠绿的树叶在雨中贪婪地吸吮春天的甘露。

荔枝开花了，淡黄的、嬉戏的，一束束、一簇簇，散发着淡淡的清香。轻轻一闻，让人精神为之一振。一群群辛勤的蜜蜂飞来采花酿蜜，给荔枝林增添了勃勃生机。

"蝉儿唱，荔枝红。"七月，正值酷暑，是荔枝成熟的季节。一株株高大的荔枝树上果实累累，红得那么鲜艳，那么耀眼。风儿一吹，一串串又圆又大的荔枝，摇曳着，拥挤着，发出挨挨挤挤的响声，奏出一曲丰收的交响乐。河沿边上的荔枝树，有些枝头被荔枝果压弯了腰，垂到水面上，风一吹，在碧绿的水面上划出一道道水痕。粼粼的波纹映染着满树鲜红，好一派迷人的情景。

荔枝丰收，可喜坏了大家。大伙儿架起了竹梯子，摘荔枝。河沿边上的荔枝树，在陆地上大半边摘不到，只好用小舟了。瞧，姑娘们划着轻舟摘荔枝来了！我们小孩子高兴得扑通扑通地跳进河里，拉住船舷，帮着把垂到水面上的枝杈扶进船舱，然后爬上船跟阿姨一起摘荔枝。扯住一根树枝，上面就有好几串呢，每串多则几十粒，少则十几粒，枝枝丫丫挂满了沉甸甸的希望！

249. 故乡的马路

故乡的路纵横交错，密如蛛网一般。在这些路中有一条大路经过我家门前。它纵贯徐州南北，长而宽敞，能容下五、六辆汽车并排行驶，这就是建国路。马路非常漂亮，坚实的水泥路面上，并排着两行蓝白相间的护栏，如同两条美丽的珠链一般，整齐美观。护栏两边是用有美丽花纹的地砖铺成的人行道。一株株挺拔的大树整齐地排列在人行道上，如同卫士一样忠实地守卫着马路。微风吹来时，树叶发出"沙沙"的声音，好像在欢迎从路上经过的人们。那路边一幢幢拔地而起的楼房和各色的广告牌，也为马路增色不少。

每天早晨，当太阳露出红红的笑脸时，人们已经开始去上班、上学了。沉静了一夜的马路，顿时热闹起来。潮水般的人流在交警的指挥下，井然有序地奔向各自的目标。那清脆的自行车铃声，响亮的汽车喇叭声和人们的谈笑声组成了一曲动听的"马路交响曲"。整条马路上，一片欣欣向荣的热闹景象。

黄昏，深蓝色的夜幕刚刚降临，马路上已经是一片灿烂辉煌。五颜六色的霓虹灯和耀眼的路灯、车灯交相辉映，把马路打扮成了一条五光十色的锦带。人们纷纷走出家门来到马路上散步。大家一面观赏这迷人的街道夜景，一面谈笑着，马路上到处是一片欢笑、一片繁荣。天渐渐黑了，人们陆续回家休息了。热闹了一天的马路，沉沉地入睡了。

我爱故乡宽敞、美丽的马路，长大后我要把它建造的更加宽敞、美丽。

250. 我眼中的成都

在我眼中，成都是座可爱的城市。春天，它总下雨，尤其是在晚上。它是那样的细，仿佛是害怕惊醒你的美梦。倘若呆在屋里，你是觉察不到的。但当你走出屋外，你便可以从路灯或有或无的黄晕中找到雨的影子，间或还有雨丝钻入你的衣服里，确是"随风潜入夜，润物细无声"。近处的、远处的点点灯光，都因细雨而模糊了，也因此而连成一片，那一团团、一朵朵，是五彩的云吗？或许是仙女的轻纱？其中分明可见的是条条流动的车光带，缠织着伸向远方。

不久，夏天赶来了。这时，细雨早已不见，连天也明朗了许多。我眼里便只剩一片金黄了，那是太阳洒在屋顶的颜色。"蜀犬吠日"这成语大概不能用在成都，尤其不能用在夏天里的成都。这里处处都有太阳的影子，颜色确是金光灿烂的，然而却过于单纯了。幸好，秋季马上到了。

我眼里的成都最美应该在秋天。谁道"秋风秋雨愁煞人"？我分明能见到路旁黄叶的舞蹈。有荡悠悠地打着旋飘落的，这该算作"芭蕾"吧。若在疾风中，满天就尽是黄叶飘飞，尤其在林荫道上，我所能见的是一个个飘舞的精灵。它们定然是快乐的如同此时的我一样。

秋天还不只这些。我可以看到楼边等了一年才绽开的菊花的笑脸，我可以看到畏缩的云，还有总是匆匆向我问好，然后又很快走远的风，有时还能看到墙根上傲气的小草。这一切是多么有趣。

成都的冬天总是姗姗来迟，也去得很快。天老是阴沉沉的，连飘浮的云也不愿来应个景，老早就躲了起来。有时还有雾，我的眼里就只有白茫茫的一片了。冬天是一个闷气的老人，只是一片沉静。但成都人是不甘寂寞的。街头、巷尾，到处可见三三两两的人，聚在一起，品味着鲜辣的火锅。这一冬的寒意便都融在这火红的汤水里了。

这些年，成都变化得很快。有人说成都已变成一座钢铁的城市，没有生气。错了，我眼中的成都仍旧是美丽的。谁叫他们看不到微风吹过时路边树叶的舞蹈？谁叫他们看不到细雨飘落时，河中水波的跳跃？谁叫他们看不到家乡的笑脸呢？我眼中的成都永远美丽。

1. 太阳

在这彩云上方，几线金光，破云而出，直冲碧霄，那上面的云层竟被太阳射中了，一下子便变成了金色。

这时候的太阳仿佛是一座熊熊燃烧的火山。

太阳终于从山那边的云海中，慢慢地在云层的拥簇下爬了上来，越过树梢，爬向高空。

太阳已经快落下去了，这时，它真像个大火球，旁边的云也被染成了红色。这红色的晚霞像仙女的衣服一样美丽。

猛地，太阳不再是一个温柔的少女，犹如一匹脱缰的野马，"腾"地跳了出来，刹那间，万道金光，直扑大地，群山立刻变成了金色！

我一看，太阳已经快要被云遮住了，只剩下了半边脸，下去，快了，再下去，最后终于消失在云中。

东方刚刚发白，像鱼肚一样。群山却仍沉浸在睡梦中，静谧而安详。

落日如一个巨大的火球跃入大地怀抱。

　　咦！太阳怎么缺了一角，噢！原来是太阳慢慢向下落，一片云挡住了它的一角。

2．月亮

　　每当我踏着下晚自习的铃声推开教学楼的大门时，总要抬起头看一看那深邃幽远的夜空是否会有一轮皎洁的明月，哪怕它细小得如一片弯弯的柳叶，我的心头也会掠过一丝欣喜。

　　残缺的下弦月，像一块碎玻璃镜孤单地嵌在天边。

　　半轮冷月在几片稀疏的云丝中浮动着。

　　月牙儿，像把梳子挂在天空。

　　刹那间，皎洁的月光便充满了小屋的每个角落，它是那样的温柔，仿佛要给整个生活在世上的人们以无尽的爱抚。我也似乎消除了一天的疲劳，在那"心儿像白云静静地飘呀飘"的歌声中安然入梦。

　　一轮晶莹的月亮，慢慢露出脸来，恰似姗姗移步的仙女。

　　就寝的铃声响过，准备入睡，室内豁然一亮，我睁眼一看，是一束皎洁的月光，隔窗照在床头。

　　淡淡的月亮，朦朦胧胧，引起人无限的遐思。

在我的心目中，月亮虽没有太阳那样强的光和热，却像一位勇士，以漫天的星辰作战友，以自己的勇气和力量，去冲破片片黑云的阻挡，在搏击中前进，奔向西方。

3. 星星

天上的星星又睁开快活的眼睛，密密麻麻如地上的灯火一样。

天空镶上了小星斗。它们尽着自己的力量，把点点滴滴的光芒交织在一块了；不像阳光那么刺眼，也不像月光那么清澈，却是明亮的。

几颗大而亮的星星挂在夜空，仿佛是天上的人儿提着灯笼在巡视那浩瀚的太空。

晴朗的夜晚，小星星眨着顽皮的眼睛出现了，天空中只有几丝云在慢慢移动，它就像丝带一样把小星星遮得时隐时现，看上去好像在和人捉迷藏呢。

黛色的夜幕上，出现了一颗颗星斗，忽明忽暗，像一颗颗宝石，像一粒粒珍珠。

彗星把它那光怪陆离的尾巴伸向茫茫的夜空。

流星，用光明的羽翼，奔赶着火焰似的旅程。

满天的繁星，像无数的宝石花在蓝色的天幕上怒放。

满天的星斗，好像心神不定似地跳动着。

4. 天空

天空红得像一片快要烧成灰烬的炭火。

今天，天气放晴，万里无云，整个天空像洗过一样。

红日西沉，天色逐渐暗了下来。西边的天空，燃起了一片火红的晚霞……

天空的色彩真是美妙呀！近似一处橙色，西边一片红色，把深蓝天空映照得格外艳丽。

暗蓝色的夜空上，斜挂着一叶月牙儿，周围有几丝白云在飘移，月牙儿发出淡淡的白光，就像一只白色的小帆船在深蓝色的大海中漂流，飘呀！飘呀！小船将会飘到西天去。

我和爸爸来到桥头，仰望星空，那密密麻麻的星星使我眼花缭乱。

天空中，既没有云丝，也没有风尘，恰似孩童们的眼睛一样明净。正当闷热时刻，忽然，从西北角压过来一大片乌云，使原来瓦蓝瓦蓝的天空变得昏黑一片，好像用一块黑布把天遮了起来一样。

抬头望去，在深蓝的天空里，几颗星星拥着明月，而明月则像一个高贵的使者，有着非凡的气质和风度，凝望着大地。

一会儿，红光悄悄退去，太阳闪出万道光芒，天空变得更蓝了，像是深沉的大海，辽阔而明净。

5. 春季

春天，细雨绵绵，一棵棵玉米像一个个顽皮的娃娃，伸展着它那狭长的小辫子，贪婪地吮吸着春天的甘露，大地妈妈好像在向我炫耀着它那惹人喜爱的绿衣裳。

光秃秃的树上也吐出了新枝嫩芽，那嫩芽，就像一个个绿色的珍珠，翠亮翠亮的。柳树垂下那柔软如丝的柳条，在春风中轻轻地摇动，好像在向人们招手。

一群鸭子在小河里拍打着浪花，时而追逐嬉戏，时而张开翅膀浮上水面飞跑，为了表达心中的快乐，还不时地放开喉咙大喊几声！

田野上，一朵朵花开了，红红的、白白的、黄黄的……姹紫嫣红，争香斗妍。这时节可把蜜蜂忙坏了，它们呼朋引伴，欢快地唱着，在花丛中跳集体舞，这朵花上闻闻，那朵花上吻吻。

一切都像刚睡醒的样子，欣欣然张开了眼，山朗润起来了，水涨起来了，太阳的脸红起来了。

在软软的泥土中有点点绿色探头探脑地冒出地面。

那"野火烧不尽，春风吹又生"的小草破土而出，给校园铺上了一层绿色的地毯。仔细看，它们嫩嫩的、毛茸茸的，十分喜人！

春天像刚落地的娃娃，从头到脚都是新的，它生长着；春天又像小姑娘，花枝招展地，笑着、走着。

沉默一冬的杨柳也开始抽芽放芽，墨淡绿的柳，翠绿的杨，黑绿的榆，掩映着一座座崭新的平台、瓦房，显示出富裕和美丽。

桃树、杏树、梨树，你不让我，我不让你，都开满了花，红的像火、粉的像霞、白的像雪。花里带着甜味，闭了眼，树上仿佛已经满是桃儿、杏儿、梨儿！

6. 夏季

夏天，杨柳依依，熏风习习。每当黄昏，劳累了一天的人们从紧张的生活中放松开来，三三两两地凑在一起谈风土、论人情、讲是非、道美丑、天南地北、海阔天空，哈哈一笑，顿抛疲劳。

春天随着落花走了，夏天披着一身的绿叶儿在暖风里跳动着走来了。

夏天，烈日炎炎，人们坐在绿荫下乘凉，绿叶在微风中舞动，沙沙作响，好像在为人们弹奏一首动听的乐曲。

夏雨骤然而作，戛然而止，来得粗犷、豪爽，不若秋雨的缠绵悱恻，散乱如丝，乱人心扉。

夏天，棵棵大树展开茂密的枝叶，把烈日遮住，好像有意在为人们搭凉棚，来报答人们对它的精心栽培。

七月，透蓝的天空，悬着火球般的太阳，云彩好似被太阳烧化了，也躲得无影无踪。

树更绿了，深的、浅的，层层迭迭，泛着幽光；草更旺了，架着夏风悠悠地摇荡；花也更艳了，红的、黄的、蓝的、白的……

7. 秋季

金秋的田野里咧着嘴的玉米，猫着腰的稻谷，红着脸的高粱……都像出席婚礼的宾客，喜悠悠地在飒飒秋风中摇摆欢舞。

深秋的果园里，果子一嘟噜、一串串互相掩映，溢彩流芳。葡萄架上挂着一串串水灵灵、亮晶晶的大葡萄。

树，开始落叶了，枯黄的叶子落在了地上，慢慢堆成了一堆，踏上去软绵绵的。"落叶不是无情物，化作春泥更护花！"

秋天到了，家乡的田野就像一个浓妆艳抹的新娘。大地为她穿上了鲜艳的绣花衣裳。

秋天，给人们带来了丰收的喜悦，带来了舒心的笑容，带来了美好的希望。

8. 冬季

进入初冬的大地，金色的山林一夜之间消瘦了，露出了一条条弯曲的筋骨。

风和雪都想征服松树，但是，松树以它顽强的毅力和它的抗寒能力一次又一次地战胜了风和雪，等着春天的到来。

寒冷的冬天，鹅毛大雪在空中飞舞，凛冽的寒风吹着哨，猛烈地摇摆着松树。

由于寒冷骤至，街上一片静寂，好像整个村庄都陷入沉思之中。

北方的冬天非常冷，北风呼呼地叫着、吹着，吹得我们的脸通红通红，在晶亮的冰面上一映，似一朵朵盛开的腊梅，我们也似梅花般喜爱这白皑皑的世界。

这是冬夜的特色：天上亮，脚下黑，仿佛寒气把光也阻隔了似的。

冬天，鹅毛般的大雪纷纷扬扬地从天上飘下来。山顶山腰山脚都是雪，整个大地完全是白雪的世界。

9. 早晨

这是北国初春的早晨，天气还很凉爽，太阳升起来了，雾气渐渐地散去了。我漫步在校园里，觉得一切都是那么清新、舒适。

一轮红日从东方徐徐升起，金色的阳光洒满了大地。

清晨，荫绿的山谷里，百鸟啁啾，明丽的太阳光，照着盛开的攀枝花树，乳白色的晨雾，像轻纱似的，慢慢地被揭开了，火红的攀枝花，仿佛一片殷红的朝霞浮荡在山谷里。

东方的天色渐渐发白。右边农庄里的一只公鸡叫了，左边农庄里的公鸡随声应和。

故乡的清晨，是那么的宁静，那么的纯洁，那么的美丽。

早晨，一轮红日冉冉升起，给小院涂上了一层金色。五颜六色的鲜花挂着晶莹的水珠，晨风夹带着鲜花的香味迎面飘来。

10. 中午

中午时分，太阳把树叶都晒得卷缩起来，知了扯着长声聒吵个不停，给闷热的天气更添了一层烦躁。

中午，太阳像个大火球挂在高空，火热的阳光灼烤着大地，一丝风也没有。

空气又热又闷，像划根火柴就能点着了似的。

夏天的中午是炎热的。万里碧空，飘着朵朵白云。当空的太阳如同熊熊燃烧的一团火焰，向大地喷射着过量的光和热，整个大地都像快要燃烧起来。

11. 黄昏

夕阳似乎陡然从地平线上断裂了，无声无息地消失，对面山口上，只残留着一条血红。

已经很低的太阳，仍旧在往下降，可见这确是傍晚时分了。

一个寒冬的傍晚，灰暗色的天空中，大雪夹着呼呼吼叫的北风，纷纷扬扬地飘落下来，把大街小巷变成了一个粉妆玉砌的银白世界。

暮色夹着烟气雨雾来了，浓浓密密，铺天盖地，像要独霸天下似的。

夕阳压山，淡红色的晚霞涌现出来，堆着微笑，露出了镇郊恬静

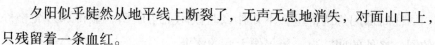

的黄昏。

黄昏，迈着它那轻捷的步子，悄悄地走进千家万户。

12. 夜晚

一个初秋的夜晚，圆月已从东方升起，许多星星像珍珠一样撒在碧玉般的夜空。

黑夜蜷缩着，紧抱着大地。

温暖的月夜迎着我们飘来。

往时那闪烁的群星，不知什么时候闭上了眼睛，显得那月亮格外的圆，格外的明。夜，黑得像无底的深渊。

寒冬的夜晚，万籁俱寂，只有那皎洁的月亮挂在天空。

夜，静悄悄的。星星在天空中快活地眨着眼，月亮披着银纱散步，皎洁的月光透过窗纱，洒在写字台上。

柔和的月光下，薄薄的轻雾浮在池塘上，大地上非常寂静。

我和小玲坐在一起，清幽的月亮把柔和的银光披在我们身上，小玲乌溜溜的大眼睛一眨一眨的。

13. 吹风

狂风刮过来了，家家的窗户都"叭叭"作响，一排排的自行车全部倾倒。旋风卷起一根根沙柱，大树东摇西摆，眼看雨点就落下来。

大风轻摇着大树枝叶，一会儿像战场上千军万马在呐喊，一会儿像大海的狂涛怒浪在翻腾。

寒风，卷着黄沙，鬼哭神号地吹来，天昏地暗，日月无光。

直刮了一天的狂风，现在还在施展着它的余威，广阔的田野充满着寒冷的气息。

风来了，一阵一阵，像水，清凉着山城灼热的大地、天空，还有我汗湿的胸膛。

清风习习，乘着宽阔的翅膀，翩然而至。

草木已经摇落，入夜的风，吹透毛骨。

14. 飘云

翻腾的乌云，像千百匹脱缰的烈马，在天宇中奔驰、跳跃：有的俯首猛冲，有的昂首嘶叫，有的怒目圆睁扬起了前蹄，有的扬起鬃毛甩起了马尾，蹄一动，踢起了万朵银花；尾一扫，扫起了弥天大雪。

我看见浮云在天空悠游，轻轻地舒展，缓缓地移动，那么悠然自在。有时两朵云刚结在一起，忽然一阵风吹来，硬把它们撕开，霎时你东我西，越分越远了。

天上的云，真是千姿百态，变化万千。它们有的像羽毛轻轻地飘浮在空中，有的像鱼鳞，一片片整整齐齐地排列着，还有的像峰峦、像河川、像雄狮、像奔马……

故乡的云，你把故乡的天空点缀得那么绚丽多彩。

我爬上山顶凝望那遥远的天际。彩云不断地变化，瑰丽无比的朝霞，变化莫测。

远处的云彩，薄薄的一片，淡淡的一缕，也被晚霞映得分外美丽。

15．下雨

绵绵的秋雨啊，像是伤心人的泪水一样，淅淅沥沥地落个不停。

乳白色的炊烟湿了，变成了粉蓝色，一丝丝地融进雨雾。

春雨呵，你不就是春天的眼泪吗？你将无私的爱撒向人间。

暴雨来了，开始，像筛豆子似的雨点从天空中一阵一阵地落下来。

一会儿，哗哗……瓢泼大雨，倾泻而下，就像谁把天扯了个大口子，天河里的水全都流了下来似的。

雨落在晒场上，晒场上飞溅起无数水花，像公园里的喷水池发射的细流。

雨越下越大，好像有人在用脸盆泼水，"哗哗"往下落。门前、门后像挂了一道水珠帘，美丽极了，却没有办法把它拉开。在屋顶上，有一层薄薄的烟，我不知道那是什么东西。

我只好躲在一棵杨树下避雨，雨越下越大，雨点好似一颗颗断了线的珠子直落下来，打着树叶，叭叭直响，……

紧接着是豆子般的雨点，从空中落到水面上，水面上出现了一个个小泡。这个泡刚消失，那个泡便出现，好像水在锅里沸腾一般。

雨落在马路上，飞溅起灰尘，像骏马在飞奔一般。

16. 白雪

不到半日，大寺便银装素裹，粉妆玉砌了。房子盖上了银瓦，树木挂上了银条儿，田野盖上了白被子，围墙成了蜿蜒曲折白脊背的巨龙，细长的电线变成了粗大的银绳，横跨洁白的天空。

你看，她铺天盖地、纷纷扬扬，有时像柳絮纷飞，有时像天女散花，有时像鹅毛飘落，有时像玉蝶翩翩起舞，整个世界白茫茫的一片。

那白色的"小天使"一来到这儿，就争先恐后地往下落，不久，屋子"长高"了，小树变白了，马路上也盖上了一层雪白的绒被。

看，那玉蝶似的雪花，在空中翩翩起舞，它像从天而降的小伞兵，又像蒲公英妈妈那带绒毛的孩子，漫天飞舞。

雪花密密地飘着，像织成的一面白网，丈把远处什么也看不见，只有灰色的底子上飞着成千上万的白点。

冬天，风雪肆虐，鹅毛一样的大雪，落在山上，落进谷里，落在松树枝丫上，好像托着片片白云。

大片大片的雪花从银灰色的天空悠地飘下，像满天白色的蝴蝶在迎风起舞。

雪，像烟一样轻，像银一样白，飘飘摇摇，纷纷扬扬，从天空中洒下来。

雪花像身着白裙的少女，身态轻盈，婆娑起舞。

下雪了，沙沙地响，好像在和你说悄悄话。

17. 霜冻

肥大的叶子上，也布上了一层毛茸茸亮晶晶的霜花儿，使得那叶子骤然厚了许多。

像下了一场小雪似的，院子里白皑皑地铺上了一层寒霜。

天空灰蒙蒙地飘着雪粉，院子里的树从根到梢挂上一层霜，就像开了一片白皑皑的梅花。

白霜如冰晶似的铺成一片。

霜花以它那千姿百态、神奇异常的独特风姿，给人们留下了难以磨灭的印象。

看吧，那山上山下、房顶大院、树枝、树梢，每一个角落，每一块瓦砾，就连那每一寸枯草上都涂满了一层厚而蓬松的银霜。它像无边无际的洁白的绒毯，随着山势，沿着平原，绕着河流，抱着树木花草，覆盖大地上一切的一切。

你看，玻璃上的窗花有的像一丛丛茂密的灌木，有的像飘浮在天空中的一片片白云，有的像南方生长的热带椰子树，有的像波涛翻滚的大海，有的像玉色的珊瑚树，有的像连绵起伏的山峦，有的像突兀的山峰巍然耸立着……好一派绚丽多姿的景象啊！

我定眼一看，啊！窗户上结满了各式各样的花纹。有的地方厚，有的地方薄。有的像一匹骏马，正在草原上奔驰；有的像一只猛兽，正追逐一只山羊；有的像一棵参天大树，在雪地上傲然挺立；还有的像一只雄鹰，在万里碧空展翅翱翔……啊，多么美丽的霜花呀！

18. 雾气

这云雾或聚或散，群峰则忽隐忽现。

蓝天画着几道玫瑰色的条纹，河面上飘浮着一层晚雾。

朝雾渐渐地升起，揭开了这灰苍苍的天幕。

晨雾像挂在空中的千万条待染的白纱，缓缓地摆动着。

路灯被雾裹着似乎喘不过气来，只能发出模糊的光。

我伸过手想抱住她们，雾姑娘却羞涩地躲开了。

也不知那雾是出于害羞，还是有意退避，反正她披着轻纱走了。

从谷底一到山顶，雾越来越少，最终像一个羞涩的少女隐去了。

我抬头望着天空的茫茫白雾，这难道是天上的仙女正在做汤圆吗？哪个仙女不小心，把细粉弄倒了，撒了一天，真可惜。

浓重的大雾弥漫在天地之间，周围的一切都变得迷离恍惚。马路上，一辆辆汽车都亮着警觉的黄灯，行驶的速度比过去放慢了许多；路两旁不远处的行人，看上去都变成了一个个模糊不清的轮廓。

7点多钟时，雾更浓了，我坐在教室里望着窗外。不久飘进一些似云非云、似雾非雾的东西，极小极小的毛发般的，伸过手去却又捕捉不到，我把脸挨近窗户，只觉一种风吹的凉意从我脸上掠过。

天色刚明，我走到野外，只见大地披上了一件乳白色的轻纱，灰蒙蒙的只能看见近处的山和树；池塘里冒着的热气与雾混合在一起，像一团团轻烟似的笼罩在上面。

19. 露水

圆大的叶子上，滚动着透明的露珠。

久雨新晴，路边的青草上露珠盈盈。

晶莹的露水映着初升的太阳，像玻璃珠似的。

草叶上的露珠，像是镶在翡翠上的宝石。

小露珠轻轻地挂在小草上，像眼珠一样晶莹发亮。

草叶上的露珠五彩缤纷，闪动着充满朝气的春日欢乐的光芒。

每一朵兰花的花蕊里都凝着一滴露珠，晶莹得像一滴清泪。

只要风一吹来，小水珠就会像滑冰似的，在叶子上滚来滚去，真有趣啊。

看！那无边的绿叶上，闪动着晶莹的珍珠，一颗，两颗，千颗，万颗，……啊！像夜空璀璨的繁星，像碧波上撒满了宝石，又像千百双闪光的眼睛。

20. 霞光

霞光给青山绿水披上了斑斓的彩衣。

清晨，朝霞像千万把利剑透过树梢。

每天黄昏的时候，西方天空上就要出现一片樱桃红色的霞光。

东方泛出朝霞，刹那间，天宇变成了一个色彩缤纷的瑰丽世界。

晚霞不断扩大着它的范围，转眼间笼罩了一切，像铺展开了一幅瑰丽的织锦。

霞散去了，一块红的、一块灰的，散成许多小块，给天上摆起几串葡萄和一些苹果。

沙河边上的天色傍着黄昏，灰黑的云空突然遁去，西天边烧起一片彩霞，鱼白色的、淡青色的、桔红色的、紫色的，一层一层重叠着、环结着。

万缕霞光像金色的凤凰展开五彩的羽翼，载着和谐悦耳的歌声、笑声、水声、书声组成的山村交响曲，在清新、温馨的晨风中腾飞。

红霞照在湛绿的水上，散为金光，而红霞中的欲下沉的日光，也构成异样的色彩。一层层的光与色，相荡相薄，闪闪烁烁的都映现在我眼底。

21. 彩虹

七色彩虹，鲜艳夺目，宛如一座彩桥高挂于瀑布上空。

天空中出现了一道彩虹，宛如一座彩桥悬在上空。

东边天上挂着一道七色的虹，两头插在黑云里，桥背顶着一块青天。

彩虹辉映着湛蓝的晴空，阵阵凉风吹来，美丽的嘉陵江两岸，风光更加动人。

一道色泽鲜艳的巨大彩虹，出现在雨后的天空中。它五彩缤纷，就像横跨在峰林之中的一座拱桥。

长长的彩虹在西面的晴空中伸展着，看上去就好像一座桥，红的、黄的、绿的……这些颜色鲜艳极了。

22．山川

九华群峰犹如朵朵莲花在云海中若隐若现，极目远眺，大江如练。再远处，黄山、庐山等名山隐约可见。此时再看刻在石壁上的"非人间"三字，觉得更加传神了。

远处一个高耸入云的顶峰上，有一座小小的庙宇，在那里隐隐约约地屹立着。仿佛是一只孤独的鸟儿想寻找一个栖息的处所。

那三座连在一起的被白而浓的雾环绕着的大山，就像动画片里的仙山一样，亦真亦幻。那条条盘曲而上的小路，犹如白花蛇，正向上蹿呢！

一座座山峰，千姿百态，有的像行人，有的似奔马，有的如枪似剑，还有的像幼儿园的阿姨领着一群欢跃的娃娃。

透过晨曦，我仿佛看到群山像一匹匹披着绿色大衣的骆驼纵队排列，缓缓前进，一座接一座，像竖起的驼峰，又像骆驼昂起的头。

远处是重重叠叠、连绵不断的山峰，山峰青得像透明的水晶，可又不那么沉静，我们的车子奔跑着，远山也像一起一伏地跟着赛跑。

几处淡淡的秋山，纵横错落，仿佛是用毛笔画的。

深蓝色的群山温柔地、静穆地躺在星空之下。

这些山，又高又险、直上直下，似刀削斧劈。

雨洗过的山岩，光亮得像变成了水晶。

奇峰拔地而起，怪石嶙峋，气象万千。

23．水流

大江白茫茫一片，就如煎盐叠雪一般。

江水像滚沸了一样，到处是泡沫，到处是浪花。

江面溅起了水，喧闹而且嚣张，像一条愤怒的蛟龙。

光亮的小河，像一条玉带，在起伏不平的田野上面蜿蜒着。

岷江就像母亲一样养育着这片生机勃勃的土地，浇灌着庄稼，哺育着人们。

我们用脚拍打着水面，宁静的河水泛起了微波，反射着太阳的光芒，就像铺满了碎银。

江水一浪接一浪，不断地冲洗着岸边的岩石，把岩石刷得十分光洁。

微风吹来，鸭绿江面上便泛起朵朵浪花，发出有节奏的哗哗声，好像一支乐曲，悦耳动听。

路边的小河静静地流着，在阳光的照耀下像一条闪光的银带子，远远望去像一条蜿蜒爬行的银蛇。

几分钟后，便可看到一阵从南呼啸而来的潮，扑向东边咆哮而来的浪潮头，翻翻滚滚，形成叠起的巨浪。

红褐色的河水像瀑布一样，从上游山峡里直泻下来，撞击在岩石上，飞溅起一丈多高的浪花，震耳欲聋。

运河分明是一面晶莹的明镜，即使在严寒里，也可以从中看到绿色的春天，明媚的春光。

微风吹过，水面上荡起了一道道波纹，映在水里的青山绿树，一会儿扩大，一会儿缩小，一会儿聚拢，一会儿散开，像调皮的鱼儿在那里游动。

妈妈只好带着我匆匆来到海边。啊，大海！阳光照射着海面，闪烁着耀眼的光芒。天是蓝的，海也是蓝的；天连着海，海连着天，浩瀚无际，多么壮观啊！

它那诗情画意的江水，环绕着全城向西日夜不停地流淌着，它流去了父辈的烦恼，医好了家乡的创伤，给人们带来欢乐，也带来希望。

先到的潮头撞在北岸上，形成一股更为迅猛的回头潮，各种疾速的潮头在江中猛然相互撞击在一起。刹那间，激起十几米高的冲天水柱，发出崩云裂岸的轰然声响。

24. 田园

整个桔园，绿树红果，闪闪烁烁，流光溢彩。

空旷的野外，飘散着草的香浪，使人心旷神怡。

麦田里散发出醉人的清香，一丘丘田好似棋盘一般。

麦浪起伏，时而涌出一道淡绿，时而又皱起一道红波。

清晨的田野，像是翠绿的海洋，庄稼迎着风，荡起绿色的波浪。

田野随着季节的转换和作物的交替成熟，如同闪烁的宝石，变换着绚丽的色彩。

到了春耕时节，拖拉机在那一望无边的田野上来往翻耕，土花涌起来，就像波浪一样翻腾起伏。

春天，大地苏醒了，春风唤起了地上的万物。我的小花园当然也不例外。园里每棵花都伸枝抽叶，吐花展瓣。

草原上，一阵风吹过，小草向我们频频点头，好像在欢迎我们；黄莺在空中纷飞，唧啾委婉地叫着，好像在唱着一曲春的赞歌。

夜晚的大坝更有一番奇观哩，天上满天星斗，地下遍地明灯，天上地下交相辉映，浑然一体，那真是"天上银河落人间"啊！

河堤上，谦虚的柳树姑娘用它那细长嫩绿的臂，轻轻打着堤岸，一阵春风吹来，柳条随风摇，好像在向我们招手。远远望去，好一派薄雾轻烟的迷人景色，我深深地陶醉在这美景之中。

第四章

景物写作好词

1．太阳

火球　曙光　照耀　艳丽　明媚　和煦　光影　光芒　日落
日出　日光　冬日　秋日　夏日　春日　炎日　红日　旭日　烈日
斜阳　艳阳　残阳　夕阳　朝阳　一轮红日　冉冉东升　喷薄而出
旭日东升　金光万缕　霞光万道　盛夏赤日　阳光普照　日影西斜
红日西沉　落日余晖　残阳如血　夕阳西下　日高三尺　骄阳似火
赤日炎炎　烈日当头　艳阳高照

2．月亮

挥洒　泻洒　恬静　弯弯　低垂　朗朗　清冷　苍凉　溶溶
婆娑　清晰　纯净　清澈　明澈　皎洁　清亮　光亮　亮堂　明亮
银光　清辉　银辉　月色　月光　斜月　月牙　眉月　残月　明月
满月　新月　弯月　圆月　新月如钩　新月如眉　一轮明月
皓月当空　皓月千里　皎皎明月　月挂中天　月上柳梢　月光如水
月光如银　姣好明媚　满月如镜　月朗星稀　月明星稀　月色迷人
月色朦胧　月光轻柔　月光似霜

3．星星

寒星　星光　星河　孤星　星夜　星空　星斗　流星　晓星
疏星　繁星熠熠　星斗璀璨　晨星寥寥　星光暗淡　繁星围拱
星月交辉　满天星斗　繁密的星　群星灿烂　闪闪烁烁　繁星点点
星光迷茫　北斗高悬　寒星孤月　疏星淡月　星稀月明　寒星几点

宝石般的星　璀璨的星光　闪烁的星光　清澈的银河　朦朦胧胧的
银河

4. 天空

茫茫　漆黑　昏黄　阴晦　昏暗　阴暗　宝蓝　碧澄　碧蓝
瓦蓝　澄蓝　明丽　深邃　浩渺　天穹　晴空　碧空　海空　苍天
天苍苍　碧云天　铅灰色　黑沉沉　昏沉沉　灰蒙蒙　雾蒙蒙
明净无云　天宇清澄　天幕低垂　碧空如洗　浩渺无际　天低云暗
天色阴晦　碧蓝澄澈　浩浩长空　晴天如洗　杳杳冥冥　广阔无垠
无边无际　阴云蔽日　绵延无尽　晴天一碧　一碧千里　柔和清澈
流云奔涌　天空灰白　天高云淡　晴空万里　万里无云　清新的天空
蔚蓝的天空　蓝湛湛的天　漆黑的夜空　淡蓝的天空　无边无垠的天
　无际无涯的天空

5. 春季

洋溢　乐园　映入　树林　墨绿　淡绿　飞翔　闪耀　碧绿
气息　芬芳　媲美　蝴蝶　蜜蜂　桃花　无垠　宽阔　轻盈　仿佛
春色　点缀　山峦　发芽　秧苗　麦田　轻柔　摇摆　枝条　绽开
舒服　吸吮　清凉　茁壮　呼唤　掩映　和煦　动听　温和　春天
画卷　柳丝　春雨　五彩　沐浴　春光　烂漫　大地　唤醒　飘拂着
一簇簇　一丛丛　花丛中　红艳艳　软绵绵　绿油油　嫩嫩的　喜洋
洋　喇叭花　迎春花　月季花　丁香花　春姑娘　下上飞舞
随风摇摆　五彩缤纷　别具一格　花枝招展　摇曳生姿　晶莹透明
欣欣向荣　万物生辉　绿树红花　竞相开放　百花争艳　其乐无穷

绿色海洋　绿草如茵　一尘不染　抽绿添枝　普照大地　如醉如痴
一跃而起　英姿勃勃

6. 夏季

闷热　灼热　火辣　炎热　酷热　夏夜　夏装　夏天　夏日
盛夏　仲夏　初夏　夏至　入夏　立夏　汗流浃背　烈日当头
赤日炎炎　三伏天气　荷花映日　冰雹骤降　瓢泼大雨　倾盆大雨
狂风暴雨　大雨滂沱　乌云翻滚　夏树苍翠　热不可耐　暑气蒸腾
挥汗如雨　大汗淋漓　树木葱茏　骄阳似火

7. 秋季

凄凉　稀疏　飘零　萧疏　秋收　凉爽　萧瑟　湛蓝　火红
金黄　初霜　寒意　秋色　秋水　秋意　秋景　秋虫　秋思　落叶
霜叶　金秋　三秋　初秋　深秋　晚秋　秋风　秋雨　草木枯黄
芦花飘扬　遍地铺金　蟋蟀振羽　野菊傲霜　秋叶飘丹　落叶纷纷
一叶知秋　秋雨淅沥　北雁南飞　秋虫唧唧　丰收在望　硕果满枝
五谷丰登　果实累累　瓜果飘香　稻谷飘香　金桂飘香　秋菊怒放
霜叶如醉　霜天红叶　满山红叶　绚丽多彩　凄风苦雨　秋雨绵绵
冷雨霏霏　秋风萧瑟　凉风消暑　金风乍起　金风送爽　风霜高洁
秋高气爽　天高云淡

8. 冬季

彻骨　冰冷　隆冬　残冬　暖冬　严冬　深冬　暮冬初冬

寒风凛冽　　朔风怒号　　白雪覆盖　　寒彻肌骨　　冰天雪地　　万里冰封
数九寒天　　寒冬腊月　　寒气逼人　　千里冰封　　银装素裹　　滴水成冰
白雪皑皑　　大雪纷飞　　百草凋零　　呵气成霜　　冰封雪锁

9. 早晨

野外　采集　标本　别致　枯萎　覆盖　湛蓝　消失　轮廓
模糊　欣赏　忽闪　处处　感觉　仙境　围绕　景致　惬意　怡人
洒落　惊叹　秋晨　晨曲　晨辉　晨风　晨星　凌晨　拂晓　早晨
破晓　晨曦　黎明　清晨　晓明　旦日　明旦　曙色　曙光　热乎乎
光秃秃　万道霞光　旭日东升　微风拂煦　朝云灿烂　雾气蒙蒙
曙光初升　晓星隐没　朝霞满天　朝阳新出　霞光初照　朝霞似锦
明媚清新　露水闪烁　绿叶滴露　细雨霏霏　晨风习习　春风拂面
晨曦微露　朔风刺骨　北风凛冽　秋意瑟瑟

10. 中午

炎热　炙烤　火烤　炎热　酷热　艳阳　炎日　烈日骄阳　日中
晌午　正午　热浪灼人　太阳吐火　骄阳肆虐　阳光灿烂　闷热难当
烈日当空　骄阳似火

11. 黄昏

霭霭　暮烟　暮云　暮色　薄暮　晚暮　日暮　傍晚黄昏
暮霭沉沉　万家灯火　华灯初上　暮色苍茫　炊烟四起　夜幕降临
晚霞瑰丽　晚日余辉　夕阳西下　日薄西山

12. 夜晚

夜幕　良宵　黑夜　深夜　午夜　子夜　星光灿烂　满天繁星
满天星斗　繁星闪烁　月色阴沉　月光婆娑　月色柔美　月色朦胧
月朗星稀　月明星稀　星月交辉　月白风清　月光清朗　月色清闲
月光如水　清晖满湖　森严黑暗　夜阑人静　夜深人静　夜色苍茫
漫漫长夜　三更半夜　夜半三更　深更半夜　夜幕沉沉

13. 吹风

朔风　怪风　暴风　狂风　疾风　大风　阵风　清风　轻风
微风　徐徐　呼呼　萧萧　劲吹　和煦　温煦　朔风呼啸　飒飒秋风
春风荡漾　晚风轻拂　风狂雨暴　风起云涌　清风习习　寒风凛冽
秋风瑟瑟　清风拂面　风急浪高　风卷残云　风吹草动　飞沙走石
狂风大作　清风徐来　劲风阵阵

14. 飘云

密云　浓云　黑云　浮云　彩云　乌云　白云　卷云　游云
彤云　残云　淡云　乱云　阴云　烟云　云纱　云海　云彩　云端
云丝　云天　云层　薄云　云雾　云片　云块　云霓　云霞　纤巧
轻柔　飘逝　飘浮　浮动　微微　茫茫　丝丝　朵朵　缕缕　苍茫
蒙蒙　叠叠　悠悠　缓缓　轻轻　淡淡　高高　低低　厚厚　薄薄
轻拢慢涌　乌云翻滚　彤云密布　白云缭绕　流云奔涌　云开雾散
云雾弥漫　虚无缥缈　神奇莫测　令人神往　变化多端　飘忽不定

千姿百态　变幻莫测　神奇缥纱　瞬息变化　一抹柔丝　如烟似雾

15. 下雨

　　暴雨　透雨　雨箭　急雨　淫雨　雨幕　霏雨　阴雨　春雨
雨丝　雨帘　梅雨　冻雨　细雨　冷雨　骤雨　阵雨　雨纷纷
暴风雨　毛毛雨　雨淋淋　雨霏霏　雨飘飘　倾盆大雨　零星小雨
瓢泼大雨　疾风猛雨　暴风骤雨　狂风暴雨　滂沱大雨　凄风苦雨
雨丝风片　斜风细雨　霏霏雨丝　密密匝匝　淅淅沥沥　连绵不断
润物无声　铺天盖地　静静飘洒　沾衣欲湿　纷纷扬扬

16. 白雪

　　雪团　瑞雪　雪海　雪粒　大雪　雪片　雪花　雪珠　雪景
风雪　积雪　飘洒　飘扬　轻扬　飞扬　耀眼纯净　皎洁　晶莹
洁白　玉屑　冰冷　飘落　皑皑　厚厚　打旋　肆虐　轻盈　柔软
飘飘　纷纷　飞动　翩飞　飘荡　降落　银装　纷飞　冰雪封路
雪花飘洒　冰封雪飘　弥天大雪　风雪交加　茸茸雪片　冰雪消融
林海雪原　白雪晶莹　雪雾迷漫　白雪皑皑　风雪之夜　瑞雪纷飞
漫天飞雪　雪花飞舞　雪花飘飘　雪花如席　瑞雪兆丰年

17. 霜冻

　　白霜　重霜　秋霜　层层厚霜　片片白霜　浓雾寒霜　薄如玉屑
如冰如雪　晶莹白霜　洁白的霜

18．雾气

大雾　迷雾　云雾　烟雾　雾霭　薄雾　浓雾　晨雾　晚雾
暮霭　散布　浮动　淡淡　飘绕　沉沉　笼罩　迷蒙　覆盖　翻腾
迷漫　浓密　弥漫　浓重　湿漉漉　昏沉沉　灰蒙蒙　白茫茫
浓雾迷漫　雾密云浓　云消雾散　风吹雾散　雾气笼罩　雾锁云笼
雾帐扯挂　雾色灰白　雾似轻烟　雾气朦胧　大雾蒙蒙　大雾满天
大雾迷途　云雾变幻　云雾茫茫　薄雾轻笼　云雾交织　烟雾缭绕

19．露水

夜露　朝露　露水沾衣　片片露水　滴滴露珠　串串露珠
露珠盈盈　五彩露滴　透明的露水　乳汁般的露珠　晶润润的露珠
珍珠般的露珠

20．霞光

落霞　锦霞　余霞散逸　霞光斑斓　一抹彩霞　晚霞如血
晚霞满天　霞光万道　斑驳陆离　金色的霞光　瑰丽的朝霞
艳丽的晚霞　胭脂色的早霞　琥珀色的晚霞

21．彩虹

彩桥　横跨　长虹　彩练当空　七彩鲜艳　曲折的虹　鲜艳夺目
五彩缤纷　若隐若现　五色彩虹　弧状虹霓　七色彩虹　艳丽的彩虹

22. 山川

矗立　雄伟　青翠　吐翠　苍翠　葱郁　巍峨　崔嵬　峥嵘
嶙峋　高耸　高峻　山谷　绝壁　群山　山脉青山　苍山　山冈
峰峦　山崖　悬崖　奇峰　高峰　山巅　山峦　山岳　巨山　山岭
莽苍苍　静幽幽　冷清清　光秃秃　千山万壑　千山万水　名山大川
高山峻岭　光山秃岭　崇山峻岭　丛山迭岭　乱石纵横　山石峥嵘
荒山野岭　盘旋曲折　千山万岭　挺拔险峻　冰峰雪岭　深山老林
山脉绵延　高峻突兀　直插云霄　高入云霄　雄伟险峻　高山耸立
悬崖峭壁　危峰兀立　群山巍峨　岿然耸立　山高水阔　奇峰兀立
奇峰突起　奇峰耸立　一柱擎天　山清水秀　青山绿水　山河壮丽

23. 水流

倾泻　瀑布　山泉　清泉　溪涧　小溪　潮水　潮声　退潮
怒涛　狂涛　沧海　深海　浅海　飞流　奔泻　清清　清碧　清澈
浑黄　混浊　恬静　沙滩　漂浮　浊浪　细流　险滩　飞溅　漩涡
汹涌　急浪　惊涛翻腾　奔涌　奔腾　冲刷　湍急　江潮　江畔
堤岸　江涛　飞瀑　泉水　湖心　江河　河流　洪流　急流　激流
溪流　沟渠　湖畔　轻舟　微荡　沉静　盈盈　碧蓝　清澈　碧绿
湖泊　秀美　明秀　清丽　平静　宁静　静谧　明净净　静悄悄
碧盈盈　碧粼粼　水帘悬挂　水花四溅　小溪环山　流水潺潺
泉水汩汩　飞泉如雪　湖光塔影　湖平如镜　湖清水净　湖光山色
湖水荡漾　银浪翻滚　湖水拍岸　湖浪汹涌　绿波荡漾　月映湖面
云水茫茫　碧水茫茫　湖柳绕堤　千层碧浪　金波闪烁　烟笼寒水
绿水盈盈　轻舟若飞　白鸥掠水　秀水青山　百川归海　川流不息

江满河溢　碧江盈盈　清澈见底　春江水暖　江水浑黄　一泻千里
浪峰波谷　江涛拍岸　风急浪高　推波助澜　河水粼粼　洪峰如山
河水浑浊　河水哗哗　山环水绕　碧海连天　江涛翻滚　风起浪涌

24. 田园

　　蔗林　草地　枣园　桃园　草原　森林　树丛　树林　菜地
竹园　园圃　菜园　果园　机耕　耕耘　耕作　垦荒　耕种　耕地
荒漠　沙漠　沼地　平川　平野　平原　陆地　沃野　荒地　荒野
原野　旷野　田野　湖光山色　水渠环山　水渠纵横　翠竹冷杉
翠竹漫舞　雪松翠竹　修竹成林　绿竹丛丛　布局精致　雕梁画栋
古意盎然　别具风格　装潢讲究　雕栏玉砌　纤巧精致　金碧辉煌
古朴小巧　精巧玲珑　风景如画　流连忘返　目不暇接　风光秀丽
古色古香　绿柳成荫　满园春色　玲珑剔透　巧夺天空　鸟语花香
妙趣横生　景色宜人　山清水秀　苍凉的田野　绿色的海洋　空旷的
原野　静谧的原野　稻香扑鼻　禾苗茁壮　菜花金黄　水渠环山
耕云播雨　梯田层层　绮丽多姿　长势旺盛　沃土千里　河汉纵横
荒无人烟　风光如画　壮丽绵绣　烟雾迷茫　人烟荒芜　坦坦荡荡
波澜起伏　连绵起伏　林海浩瀚　茂林秀竹　树林幽静　森林茂密
清澈见底　清澈透明　碧波荡漾　澄碧透明　粼粼碧波　密林深处
树木葱茏　精耕细作　金黄麦浪　秧苗油绿　棉田银浪　稻穗沉甸
稻香扑鼻　麦浪翻滚　良田万顷　羊肠小路　崎岖山路　阳光大道
田间小路　金光大道　柏油马路　砂石大道　黄土大道　丝绸古道
一望无际　稻香醉人　稻浪金黄　狼尾谷穗　坐北朝南　阡陌纵横
六畜兴旺　鸡鸣狗吠　瓜熟蒂落　青山环抱　鹅卵石路　蜿蜒盘旋
沥青马路　五谷丰登　美丽富饶　错落有致　丛林掩蔽　绿荫环绕